JN308153

立志・苦学・出世

受験生の社会史

竹内　洋

講談社学術文庫

はじめに

入学試験はわれわれのライフ・コースの大きな節目であり、イベントである。私自身は三〇代のころまで大学入試のころの夢をときどきみたものである。それは、私が大学受験など軽くクリアーしてしまう秀才ではなかったなによりの証拠でもある。

フロイトによれば、人が試験の夢をみるのは、あくる日に何か責任ある仕事をすることになっている場合が多い、という。明日のことを怖れる必要はない。あの卒業試験だって不安におもったが、なんのことはなかったではないか。不安解消のために過去の成功した試験が夢にでてくるのだ[1]と、フロイトはいう。しかし私の夢はそれとは異なっていた。

大学受験の間際になっていろいろ迷った末に志望校を変更したせいか、ほとんどが志望校選定のあれこれをめぐるものだった。志望校の変更を後悔しているわけではないはずなのに、一〇年以上たっても夢にでてくるのが不思議だった。実は、志望校変更に結構こだわっていて無意識ではトラウマ（精神的外傷）になっているのだろうか。などと素人精神分析をやってみたりしたものだった。さすがに今では入学試験の夢をみることはほとんどない。しかしよほどの受験秀才でないかぎり、入学試験は多くの人にとってさまざまな思い出がつまっているだろう。また現在その渦中にある人にとっては、いろいろな思い出の種となるはずである。

しかし、入学試験が人々のライフ・コースにとってどのような意味をもった(もつ)かを考えようとするなら、単に入学試験そのものだけに焦点を合わせるだけでは不十分である。

幅をもう少し広げて、半年、一年あるいは数年にわたる入学試験の準備期間に照準しなければならない。入学試験それ自体はドラマのエンディングにすぎない。ドラマはもっと前から始まっている。ドラマの題名は受験時代である。青春時代とちがって受験時代というのは絵になりにくい時代ではある。しかし、特異な意味が与えられ区画化された時間と空間という点では、受験時代も青春時代となんら変わらない物語空間である。この区画化された時間と空間を「受験的生活世界」と呼ぼう。

本書は、このような受験的生活世界を中心に受験をめぐる主観的意味世界の探検を目指している。受験生は勉強をどのように意味づけていたか。何がかれらを努力と勤勉に押し出したか。いやそもそも昔の受験生が努力をしたというのは本当なのだろうか。あるいは昔の受験生にくらべれば、今の受験生は受験生らしくない。それは何故なのだろうか。ある時代から受験的生活世界に大きな変容があったのではなかろうか。こういったことが本書が解明したいトピックである。それを受験の心性史といってもよいだろう。

受験の心性史の視点にたつと、明治以後、入試制度はさまざまな変遷を重ねたが、受験現象は大きく三つの時代に区分される。

ひとつは、明治三〇年代半ばまでの前受験の時代（第二章）である。前受験の時代というのは、入学試験は存在しても、まだ受験という用語が頻繁に使われない時代である。二つめは、明治三〇年代半ばから昭和四〇年代までの受験の時代Ｉ＝受験のモダン（第三～五章）である。受験という用語が頻繁に使われるようになり、受験生特有の生活世界つまり正しい受験生像が定立する時代である。三つめは、昭和四〇年代から台頭しはじめ現在にいたる受験の時代Ⅱ＝受験の脱モダン（第六章）である。従来の受験現象（マジな競争）と大きく異なった受験の世界（ゲーム）が台頭してきている。受験生の心的世界はこの三つの時代で大きく変容している。

いま述べた時代の区切りは、受験現象を戦前と戦後に分けてはいない。心性史の視点からみれば、戦後のある時期までの受験現象は戦前と異なったものではない。戦後でも昭和四〇年ころまでの合格体験記は努力と勤勉を金科玉条としていた。体験記の言説スタイルは戦前の合格体験記とまったく同型である。戦後、学校制度や入試制度は変化したが、受験的生活世界についてみれば、昭和四〇年ころまでは戦前とほとんど断絶がないのである。本書が大きく三つの時代区分をする所以《ゆえん》である。プロモーション・フィルムにあたる第一章を除いてそのあとの各章はいま述べた受験の三つの時代順を踏んでいる。

受験の心性史自体マイナーっぽいテーマである。だから入学試験にどんな問題がだされたか、どんな参考書が使われたかなどの受験現象の細部にもこだわり、道草をしながらの旅をしたい。近代日本の受験の心性史というノスタルジアを楽しみながら、同時に近年の受験のポスト・モダン現象とは何かを考える旅。これが本書の狙いである。

目次

■資料の引用については、一―原文の旧漢字は新漢字に改め、二―原文の歴史的仮名遣いはそのままとした。
■写真提供＝公益財団法人三康文化研究所附属三康図書館（15頁、28頁、33頁、64頁、115頁、140頁）／旺文社（82頁）

立志・苦学・出世

受験生の社会史

第一章　受験生の一日——明治四〇年七月九日

第一高等学校入試会場

「受験時代」という言葉で何を連想するだろうか。参考書や予備校、あるいは時間割りをつくって受験勉強することを思い出すかもしれない。努力や青春が浮かぶ人もいるだろう。連想はさまざまにひろがるだろうが、今の私たちが思い描くような受験の世界は、実はすでに明治三〇年代の後半にできあがっていた。

そこで明治四〇年、第一高等学校の入学試験会場にタイム・スリップしよう。明治四〇年は日露講和条約の二年後である。義務教育が四ヵ年から六ヵ年になった年でもある。第五高等学校を卒業し、東京帝国大学に入学するために上京した学生を主人公にした小説『三四郎』（夏目漱石）が朝日新聞に連載されるのが翌年九月である。当時、九月は高等学校の新学期である。したがって明治四〇年の受験生のうちで合格した者は、翌年、小説『三四郎』を、自分たちと重ねあわせながらキャンパス小説として新聞で読むことになる。

明治四〇年の高等学校入学試験は、七月九日から一二日まで四日間にわたっておこなわれた。一人の受験生によって明治四〇年七月九日を再現する。

叔母さんに起こされたのが午前三時。ランプをつけてすぐ机にむかう。松村定次郎の『代数学難問解義』をとりだして、問題にとりくむ。

三月に中学校を卒業して東京にやってきて一〇〇日ほどたった。四月は六時、五月以後は五時に起きた。午前は独習。午後は正則英語学校に通った。何故英語だけに出るかといえば、僕のような田舎の中学を出た者は英語は特別の補いをする必要があるからだ。僕の中学校には英語の先生は三人いたが、そのうち二人はお粗末きわまりなかった。decision をデッション、great をグリート、rather をレーザーと発音する始末。発音でこの体たらくだから、訳解（英文解釈）や作文（和文英訳）においてをやだ。だから正則で授業を受けたときにはかなり面食らったものだ。斎藤さん（斎藤秀三郎。後述）の授業に熱心に出たことと、南日（南日恒太郎。後述）の難句集を五回も読んだから、いまでは英語にはかなりの自信ができた。しかし数学は覚束《おぼつか》ない。『代数学難問解義』には四五一の問題と解法がのっているが、手をつけたのは結局一〇〇題くらい。もう少し数学を勉強しておけばよかった。

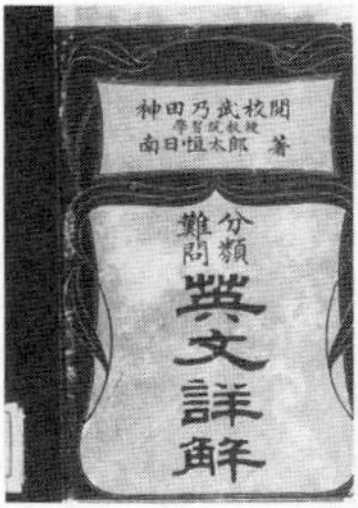

南日恒太郎の英語参考書

受験の日の一高門前

五時になった。朝飯を食べる。道具を揃え受験票をしっかり握って家を出る。

吉祥寺の前まで来ると、受験生らしい学生に会う。声をかけてみる。

「失敬、君も試験を受けるんですか」

「ええそうです。君もそうですか」

この人も顔色が青い。かなり勉強したのだろうか。

「何だか試験が早く来てしまったようにおもえませんか」

「早く来過ぎて困ります。君は何部ですか」

「僕、僕は一部の丙」

「僕も同じですよ」

「そうですか。学校は」

「学校ですか、三高を第一志望にしました。君は」

「僕は一高、その次を三高にしました」

僕も三高を第一志望にすればよかったと少し後悔する。一高の第一志望者は四五〇〇~四六〇〇人もいるという。

「今年は全国で志望者が六〇〇〇人もあったそうですね」

「そうだってね」

そうだってね、と軽く相槌をうったが、六〇〇〇人の一人とおもうとますます心細くなる。何故そんなに志願者がおおいのだろう。

高等学校はすぐそこにみえた。時計台をみると六時二五分。

構内にはもう何百人もいる。方々に五人、一〇人とかたまっている。

「君の教場はやはり一九番ですか」

「いいえ僕は一八です」

「早いけど行ってみましょうか」

「行きましょう」

僕は一八番の教室に入る。机の上に番号の打った札がはってある。一室が五〇人ずつ。まだ時間がある。運動場を散歩する。クローバーの葉がきれいだ。

間もなく鐘が鳴る。受験生は教場に駆け込む。石段に沢山の下駄が脱がれてあ

代数

一　1哩(則チ 5280 呎)ノ競走ニ於テ甲ハ乙ニ 30 秒勝ツ、若シ甲ニ 200 呎ノ「ハンヂカツプ」ヲ附スルトキハ（競走ヲ始ムル前ニ甲ヲ出発点ヨリ 200 呎後方ニ置クコト）甲ハ 35 呎負クルト云フ　甲乙各1哩ヲ走ル時間如何

二　若シ $a(y+z)=b(z+x)=c(x+y)$ナルトキハ $x, y, z,$ノ比如何　又 $\frac{y-z}{a(b-c)}=\frac{z-x}{b(c-a)}=\frac{x-y}{c(a-b)}$ ナルコトヲ證明スベシ

幾何

一　円ニ内接スル四辺形ノ対角線ガ直角ニ交ルトキ此交点ヲ過ギ一辺ニ垂直ニ引ケル直線ハ其ノ対辺ノ中点ヲ過グルコトヲ證明セヨ

二　四面体ニ於テドレナリトモ三ツノ面ノ面積ヨリ大ナルコトヲ證明セヨ

明治 40 年第一高等学校入試問題（数学，抄）

1. When a boy does wrong, and then tells a lie to conceal it, he not only commits a sin, but he is a great coward also.
2. Newton began to think how and why it was, that, when the stem broke, the apple fell to the ground.
3. Never, perhaps, have triumph and lamentation been so strangely intermingled. Astonishment and admiration at the splendid victory, with sorrow for the loss of the gallant victor (General Wolfe), filled every breast. Throughout all the land were illuminations and public rejoicings, except in the little village of Westerham, where Wolfe was born, and where his widowed mother now mourned her only child.

明治 40 年第一高等学校入試問題（英文解釈）

る。自分の席につく。しばらくすると、眼鏡をかけた年寄りが入ってくる。書記か事務員のようだ。この人が配りはじめる。端が赤く染められた西洋紙で七、八枚ずつ。解答用紙だ。つぎに問題が配られる。代数と幾何、三角法の問題が配られた。代数の一番は連立二元方程式の応用問題。これはできそうだからここからはじめる。二番は比例の公式を用いなければならない。これは後回しにする。……

時計を出してみるともう八時二〇分。三時間の半分が過ぎた。

「あと一〇分！」試験官は叫んだ。

八問中三問できたかどうか。これ以上とてもできそうもない。そっと辺りをみる。みんな一生懸命である。配点は数学、英語、国語漢文がそれぞれ二〇〇点。他の三科目（物理・化学、歴史）が二〇〇点。合計八〇〇点満点という噂。ともかく、一高の場合は七割の得点をとらなければ合格しないともいう。いっそ時間が早くたってみんなが書き切れなければいいのに、とさえおもってしまう。何だか圧迫されるようで苦しい。早くここからでたいとおもっていると、リンリンと鳴る。

僕はどうも試験第一日目にして、失敗したようだ。帰って叔父さんになんといおうか。叔母さんにも合わせる顔がない。入学試験はみんなそんなに出来るものではないというが、本当だろうか。明日の国語漢文で取りかえしがつくだろうか。蝶々になって明日の問題をみてきたいとおもってしまう。

英語の問題と受験生の対処法

翌日七月一〇日には国語漢文、一一日は英語、最後の一二日には物理・化学と歴史の試験がおこなわれた。一一日におこなわれた英文解釈の問題は一七頁下段にある。当時の受験生はこういう英文解釈の問題にどのように取り組んだのだろうか。受験生はつぎのように書いている。「一番と二番の問題はあまり難しくない。三番目は七、八行もある。余り長いのでひやりと胸にこたへる」。「ひやりと胸にこたへる」とはなんとも大げさな表現におもえるが、当時の受験生の立場に身をおけば少しも大げさではない。

明治時代の英文解釈の試験問題は、一番や二番のように一文章の英語を日本語にするというのが普通だったからである。三番の問題が長いとおもわれたのは二つの文章が含まれており、それぞれの文章を構成する単語（修飾語）の数が多いことが受験生を「ひやり」とさせたのである。

一問題がひとつの文章という英文解釈の出題傾向は大正、昭和（戦前）になっても基本的にかわらなかった。表1—1はそれを第一高等学校を中心に集計したものであ

年度	文章	単語	年度	文章	単語
明治 22 ※	1	22	大正 7	1	41
明治 25 ※	1	17	大正 13	1	42
明治 31 ※	2	25	昭和 2	1	60
明治 35	1	27	昭和 5 ※	3	64
明治 40	3	61	昭和 12 ※	1	56
大正 2	2	78	※第一高等（中）学校入学試験，その他の年度は共通試験		

表 1—1　英文和訳問題（高等学校入学試験）の文章数と単語数

る。表はつぎのようにして作成された。戦前の英文和訳問題は三題ないし四題の全文和訳だった。そこで当該年度の問題のなかでもっとも単語数の多い問題を選び、それがいくつの文章と単語からなっているかを年度別に集計したものである。一問題が一文章という傾向はあまり変化せず、一文章の単語数が増加していくという傾向を読み取ることができる。

表1—1にみることができるように、戦前の入学試験の英文解釈はほとんどの場合ひとつの文章で、修飾語や従属節などがやたらついているクイズのような英文だった。したがって英文解釈の参考書は、No sooner thanとか「There is no ～ ing というような難句や構文の理解を中心に編集されていた。受験生も英文解釈といえば、「一番のは易過ぎる程で却て気味が悪い、not only...but also と云ふ句があるから、之を聞いたのだらうと思って、其つもりで書く」というように対応した。

池田勇人も佐藤栄作も第二志望合格

さて、冒頭の体験談の理解をよくするために、当時の入試制度について説明しておこう。このころの高等学校入試は共通試験総合選抜の時代だった。

明治三四年までは高等学校ごとに入試がおこなわれていた。ところが、高校による難易差が大きく、優秀な者でも一高を受験して不合格になる者がいる。その反面、学力が低くても容易に合格する高校がある。当時の高等学校は全員が東京と京都の帝国大学に進学できることになっていた。したがって高校間に大きな入試難易格差があるのは不公平とされた。こうして明治三五年から全国統一試験になり、一発勝負ではなく、志望順位を考慮する入試改革が実施された。第一志望の高校に不合格になっても、入試得点が高ければ第二志望以下の高校に入学できることになった。

冒頭に登場した受験生が試験会場に向かう途中でもうひとりの受験生に「君は何部ですか」「学校は」と聞くくだりがあった。そう尋ねられた受験生が第三高等学校を第一志望にしながらも第一高等学校で受験していることには、いま述べたような当時の受験制度が背景になっている。体験談の主のほうは第一志望が第一高等学校、第一部丙である。

第一高校（東京）	4,117	第五高校（熊本）	278
第二高校（仙台）	323	第六高校（岡山）	268
第三高校（京都）	714	第七高校（鹿児島）	76
第四高校（金沢）	206	計	5,982

(「高等学校受験案内」—「中学世界」第 10 巻 12 号, 明治 40 年, 60 頁。なお文部省年報では明治 40 年の高校志願者数は 6004 人である。表 1—2 の数字と若干食い違うが, 文部省年報には高校別の志願者数がないのでここでは受験雑誌の数字を使用する)

表 1—2　明治 40 年高校別志願者（第一志望）

この年（明治四〇年）の高校別第一志望者数は表1—2のようである。表にみることができるように受験生の実に六九％が第一高等学校を第一志望にしていた。

戦後の総理大臣池田勇人《はやと》や佐藤栄作は、この共通試験総合選抜の時代に第二志望で第五高等学校に入学している。池田勇人や佐藤栄作は冒頭体験談の受験生とほぼ同時代人である。池田勇人は、前年にも第二志望で五高に合格したのだが、もう一年勉強すれば第一志望に合格するだろうとおもって翌年再挑戦をした。だが結果は同じく第二志望で五高合格だった。池田の母は「余程因縁が深い」といって五高に入学することを勧めた[1]。

もっともあとにみるように、当時の第五高等学校の約半数は第二志望以下で入学しているから、池田勇人や佐藤栄作のような第二志望進学者は少しも珍しくはなかった。

ところで、さきの体験談の受験生ははたして一高に合格したのだろうか。それとも池田勇人や佐藤栄作のように第二志望の高等学校に合格したのだろうか。そのようにいうのは、冒頭の体験談は明治四〇年のある雑誌に掲載された二つの受験生の実体験記[2]を私が合成脚色したものだからである。

合否の顚末はともかく、この体験談は当時の入試が朝七時に始まって一〇時には終わっていることなど、興味深い事実をおしえてくれる。今日からみれば試験は随分早い時間に始まって早い時間に終わっていたわけである。

旧制高校のランキング

さらに、体験談は第一高等学校が圧倒的に人気があったことも示している。すでに述べたように、高校志願者の六九%が一高を第一志望にしていた。その一方で、七高は第一志望の志願者が定員の四分の一にしかなっていない。七高へ第一志望で入学した者は合格者全体の一六%にすぎない。七高の合格者の八四%は第二志望以下の者によって充足された。もっとも不人気な高等学校だった。「七高へいくのは恥辱である」とか、「七高などに入るくらいなら一年休んで来年受け直す」とまでいう者もいた。

第一志望者だけで定員を充足したのは第一高等学校だけである。第二志望以下によ

高校＼得点	90-80	80-70	70-60	60-50	50-40	40-30	30以下	入学人数	受験人数
一高	8	130	151	19	15	0	0	323	1,310
二高	0	15	65	94	23	0	0	197	456
三高	1	27	69	79	8	0	0	184	563
四高	1	4	61	78	44	3	0	191	424
五高	0	8	67	102	43	4	0	224	514
六高	0	7	55	46	18	0	0	126	307
七高	0	0	14	80	53	25	8	180	294
山高	0	2	43	55	54	17	0	171	305
%	0.6	12.1	32.9	34.6	16.2	3.1	0.5	1,596	4,173

表1―3　高校別合格者得点分布（人数）

る充足率は、第三高等学校、一七%、第二高等学校、五五%、第五高等学校、五九%、第六高等学校、六〇%、第四高等学校、六一%である。第七高等学校は第七志望（！）合格者の割合がなんと二九%にも達していた。[3]

このころの高校ごとの入学者の得点分布についての公式統計はないが、受験体験記によると、数年前の調査として表1―3のような分布がのっている。[4] この表の数字は別の記事にものっている。[5] 当時何かの形で公表されたものだろう。二つの記事の数字はぴったり合っているからかなり信憑性が高いものである。これらの記事ではこの得点分布が数年前のものというだけで年度については明記されていない。そこで、入学者数と受験者数を手がかりに文部省年報によって該当年度のわりだしを試みた。表1—3の入学者数と受験者数にぴったり合致する年度は得られなかったが、近い数字を探すと、明治三六年の高等学校入試の結果ではないかと推測される。文部省年報によればこの年の志願者四二一四人、合格者一六一二人である。
表1—3から合格者の学力は一高、三高、二高、四高の順であること、七高入学者のうち四〇点以下が一八％もいること——入学者の四％は三〇点以下——がわかる。

猫の目入試改革のはじまり

すでに述べたように、明治三五年から共通試験総合選抜になったのだが、明治四一年には、再び入学試験方法が「改正」された。高校ごとの単独選抜になった。当時の文部省年報はこの改正について記述するだけで、その理由についてはふれていないが、当時の雑誌[6]からその内幕事情をうかがうことができる。

明治四〇年春に高校長会議があった。地方高校長からつぎのような意見が出された。第一高等学校の「お余り頂戴で、甚だ面白くない」。地方の学生が地元の高校への愛着心をもつことができなくなっている。これを是正するためには「独立主義」が必要だ。「独立主義」とはそれぞれの高校ごとに入学試験をするということだ。さらにこんな意見もでた。そもそも第一高等学校とか、第二、第三、第七などというネーミングがよくない。序列意識をもたらす名称だ。仙台高等学校とか京都高等学校という名称にすべきだ。

明治四一年からの高校入試制度改革は、高校長会議のこのような意見が引きがねになったようである。しかしここでの意見はどこかで聞いたような意見である。受験機会が複数化すると、明治四〇年のこの種の批判（第二、第三志望者の入学による校風危機論）がその後も繰り返されたからである。入試制度批判と入試改革の理由がそのあとも同じ形で繰り返されるのがおもしろい。

いつの時代でも入試改革は当初思いもつかなかった結果を随伴してしまう。明治三五年の総合選抜入学試験の導入も第一高等学校以外には「お余り頂戴」という「料《はか》らず一種の禍」つまり「思はざる結果」を生みだした。そこでこんどはそうした望ましくない意図せざる結果を矯正するために再び入試改革がおこる。明治三五年と四一年の入試改革はその後の猫の目入試改革のはしりだった。大正六年からまたもとの共通試験総合選抜に戻るからである。そのときの理由は高校間の合格点に「非常なる差異」があるということだった。なんのことはない。明治三五年の入試改革と同じ理由に回帰している。しかしこの制度も二年しかもたなかった。大正八年からはまた単独選抜になる。サイクルはまだ繰り返すが、このことについては別のところにも書いた[7]

のでこの辺でやめておこう。

予備校ブームと名物教師の元祖

さらに冒頭の体験談は、明治四〇年にはすでに、受験参考書や予備校などの受験の時代の小道具や大道具が完備していたことも示している。

当時すでに、体験談の受験生が通っていた正則英語学校をはじめとして正則予備学校、国民英学会、研数学館など神田にかなりの数の予備校があった。正則英語学校は明治三二年に生徒三〇〇〇人を数えている。三三年には三階建て六〇〇坪の校舎が建てられた。研数学館は平成一二年まで予備校として存在していた。

志望校の入学試験に合格するための学校ということであれば、すでに明治一〇年代前後にもみることができる。東京英語学校や共立学校、成立学舎、独逸語学校などがこれである。これらの学校は東京大学予備門やその後身の第一高等中学校（高等学校令により明治二七年、第一高等学校と改称）などに入学するための受験指導の学校だった。社会主義運動の先駆者堺利彦や法学者美濃部達吉は明治二〇年前後に地方から上京し、これらの学校で勉強したのちに第一高等中学校に合格している。

しかしこれらの学校は、当時の地方の尋常中学校のカリキュラムや教師の学力が低

正則予備学校と学生

く、大学予備門や第一高等中学校が要求する学力水準を満たさなかったことによって生まれたものだった。したがって地方の上級学校進学希望者は地元の中学校を中退して上京し、これらの学校で英語と数学を中心にした勉学をするのが普通だった。中等教育を修了した者が受験のためにさらに勉学するという予備校とは異なっていた。その意味では明治一〇年代前後の中等学校受験科を今日の予備校の元祖にすることはできない。明治三〇年代の予備校こそ今日の予備校の元祖である。

明治三〇年代から四〇年代つまり冒頭の体験談のころは、中央大学や法政大学、明治大学、専修大学、東洋大学、日本大学などの私立大学が官立学校志望者のための予備校を設置したときでもある。私立大学系予備校の老舗は中央大学付属の中央高等予備校である。設立は明治三八年。

戦後の総理大臣岸信介は、山口中学校を卒業すると一高受験のために上京し、本郷に下宿してこの中央高等予備校に通った。[8] 岸信介のように中学校を三月に卒業し、三月下旬から四月にかけて上京し、予備校に通って受験勉強するという受験生がかなりいた。日本高等予備校（日大）などその他の私立大学付属の予備校は、明治四〇年頃から四三年にかけて設立された。冒頭の体験談が語られた明治四〇年前後というのは予備校設立ラッシュの時代であった。

私立大学が予備校を経営したわけ

ところで、今のわれわれの感覚でみると奇妙なのは、私立大学が官立学校志願者のための予備校を設置したことである。私立大学系の予備校が官立学校志願者を主な対象にしたことは表1—5の予備校講師陣の構成にもみることができる。講師陣の半数は官立学校の教授であった。このことはこれらの予備校が官立学校志望者のものであったことを如実に示している。

私学はどうしてこのような自己矛盾（官立学校志望者のための予備校）を冒したのだろうか。財源説が有力である。

私立専門学校の慢性的な悩みの種は学校運営のための財源だった。そこで学校運営の財源にするということで予備校を設置したようである。このころの中央高等予備校の入学金は二円。授業料は一ヵ月二円五〇銭。大工の一日の賃金が八〇銭のころである。中央高等予備校の生徒数は多いときには一〇〇〇人いたから、一ヵ月二五〇〇円

国民英学会	明治 21 年
正則英語学校	明治 29 年
官立学校予備校（東京物理学校内）	明治 33 年
研数学館	明治 35 年
正則予備学校	明治 35 年
開成予備学校（開成中学校内）	明治 36 年
早稲田高等予備校	明治 36 年
京都予備校	明治 37 年
錦城予備学校（錦城中学校内）	明治 38 年
中央高等予備校（中央大学内）	明治 38 年
日本高等予備校（日本大学内）	明治 39 年
明治高等予備校（明治大学内）	明治 40 年
東洋高等予備校（東洋大学内）	明治 41 年
東京高等予備校（法政大学内）	明治 43 年

表 1—4　明治 30 年代前後の予備校設立ラッシュ
（関口　義「わが国に於ける予備校の発達過程とその展望」『天王寺予備校二十年史』天王寺学館，1974 年より作成。ただし日本高等予備校については，『日本大学七十年略年史』によって明治 39 年に訂正している）

	一高教授	高商教授	高師教授	自校教師その他	計
明治	8	4	4	11	27
中央	7	3	1	15	26
専修	3	7	1	10	21
日本	7	1	0	9	17
法政	7	1	0	9	17

表 1—5　私立大学経営予備校講師陣（人数）
（「各高等予備校の内容」—「中学世界」第 13 巻 4 号，108 頁）

もの収入があったことになる。受験産業は儲かったのである。予備校からの収入は大学経営に貢献した。しかし、私学の建学理念派からみれば官立学校の受験者のための予備校ほど腹立たしいこともなかった。こうした経緯もあって中央高等予備校は、大正九年に廃校になっている。

ともあれ、冒頭の受験生の時代つまり明治四〇年はすでに、東京の神田は予備校の街であり、受験生の巣窟であった。本郷が帝国大学、三田が慶応、牛込が早稲田の巣窟であったときに、神田は「未知数学生」の巣窟だった。明治四〇年の記事は受験生の街＝神田をつぎのように書いている。

錦町近辺の朝は、高商（一橋大学の前身）と外語（東京外国語大学の前身）の金ボタンを除く他は雑然とした未知数学生の行列である。年齢は一五、六歳から二〇、なかには二五、六歳のもいる。服装は袴のもの、着流しのもの、洋服に下駄というものマチマチである。これらの「雲の如き受験学生」が収容されるところが錦町や猿楽町などに集中している予備校である。予備校は予備校で生徒獲得に鎬《しのぎ》を削っていた。「門戸開放、受験学問切売の主義であるから、月謝さへ収めれば、何人と雖《いえど》も、何時からでも、大威張りで入学出来る。従つて、学校の方でも、幾百人が定員と云ふ事はないので、入れられる丈入れる。教場が破れる迄入れる」[9]

予備校の時代は同時に予備校名物教師の時代でもあった。正則英語学校の斎藤秀三郎がそれである。斎藤秀三郎は第一高等中学校の教授だったが明治二九年に正則英語学校を創立し、その後高等学校を辞職した。予備校教師として生涯を全うする。彼の英語学に対する貢献は大きく、生涯の著作を並べると三メートルにも達する。多くの学生は斎藤先生をみたい、斎藤先生に習いたいということで正則英語学校につめかけた。斎藤の授業には五〇〇人の大教室に立見席ができただけでなく、廊下まで生徒が溢れた。[10] 斎藤秀三郎こそはその後の予備校名物教師の元祖だった。

明治のベストセラー参考書

予備校が受験の時代の大道具とすれば、参考書は小道具である。各科目の参考書も明治四〇年ころにはすでに完備していた。

冒頭の体験談の受験生も書いているように、このころの入試体験談には必ず読むべき参考書が挙げられている。明治三九年の「中学世界」（第九巻八号）に受験参考書を紹介した「受験用参考書の選択」という欄をみることができる。

南日恒太《なんにちつねた》郎《ろう》の『英文解釈法』や『和文英訳法』は、当時もっとも人気のあった英語の参考書である。南日恒太郎とその参考書について簡単に説明をしておこう。

大正７年頃，日本高等予備校の教室

南日は明治四年、現在の富山市に生まれた。富山県尋常中学校卒業後、文部省中等教員検定試験によって国語教師の資格を得、郷里で教職につく。明治二八年に上京し、国民英学会でさきに紹介した斎藤秀三郎などに学ぶ。翌年文部省中等教員検定試験の英語科に合格。その後正則中学校教師を経て、明治三三年に第三高等学校講師、同三五年に学習院教授となった。南日の参考書は昭和一〇年代までかなり使用されていたが、大正一〇年代に山崎貞《てい》と小野圭次郎によって英語参考書の王座の位置を奪われる。

年配の読者であれば、山崎貞の『新々英文解釈研究』や小野圭次郎の『英文の解釈』の名前を記憶しているのではなかろうか。山崎と小野は英語参考書界のポスト南日だったわけである。山崎貞の『英文解釈研究』は大正元年、小野圭次郎の『英文解釈』は大正一〇年が初版である。山崎貞と小野圭次郎の参考書は戦後もベストセラーをつづけた。山崎の『新（々）英文解釈研究』は三〇〇万部、小野の『英文（の）解釈』は五〇〇万部を超えた。山崎の英文法参考書『新自修英文典』（復刻版）は現在も書店に並んでいる。むろん現在の英語学者によって大幅な改訂が施されているが、基本的スタイルは昔のままである。南日の初期の参考書（『英文解釈法』）は明治末に出版されているから、そこから数えれば一〇〇年以上も参考書の著者として生きつづけていることになる。山崎貞は正則英語学校で斎藤秀三郎の薫陶を受けた高弟の一人であった。

本章は、明治四〇年のある受験生の一日にタイム・スリップしてこの時期がすでに予備校や参考書の完備した成熟した受験の時代だったことをみた。

むろんこの当時の受験生の数は現在からみれば比較にならないくらい少ない。高校受験者は六〇〇〇人。官立専門学校や軍関係の学校受験者を加えても受験生は三万人弱である。高等教育進学率は、多めにみても該当人口の一％である。平成のはじめには日本大学一校の志願者だけでも約一五万人（平成二年）である。一〇〇万単位の大学受験生が存在し、三七％（平成元年）もの人が大学に進学する時代である。しかし今日の受験風景の原型は明治四〇年にはもう確実にできあがっていた。

つぎの章からは、時代を遡ってこのような受験の時代がどのように誕生したのかをみよう。

第二章　勉強立身から順路の時代

勉強ハ富貴ヲ得ル資本

受験の時代は明治三〇年代後半からはじまる。だがこの章では、もっと前の時代つまり受験の時代の前史に遡ってみる。ここでは受験の時代の前史を「勉強立身熱」の時代と学歴資格の「順路」の時代に区分する。前者は明治一〇年代初期までであり、二〇年代から三〇年代初期までが順路の時代である。

「勉強立身熱」の時代という受験の時代前史はどのような時代だったかをみると、まことに興味深い。この時代に、のちの「受験の時代」の原風景がみえてくるからである。「勉強立身熱」の時代をみるのによい資料がある。明治初期の週刊投稿雑誌「穎《えい》才新誌《さいしんし》」である。「穎才新誌」は、明治一〇年三月一〇日創刊。青少年の投稿作文集である。発行元は製紙分社（東京印刷会）。毎週土曜日発行。定価八厘。毎週約一万部の発行部数を誇る大ベストセラー週刊誌だった。投稿作文も明治一五年には日に五〇通、月に一五〇〇通もあった。明治一〇年代はじめの投書には、勉強は富貴のための資本である（「勉強ハ富貴ヲ得ル資本ノ説」）とか、勉強は立身の基礎である（「勉強ハ身ヲ立ルノ基トナル説」）、勉強は幸福を生む母である、というような勉強言説が洪水のように登場している。

「穎才新誌」の青少年たちは新しい時代（「文明開化」）を「俊才ヲ登用」とか「人才選挙ノ時」として意識し、「今之世ニ生テ」「立志偉業」を成し遂げなければ、「愧《は》ヂザル可《べ》ケンヤ」とまで述べている。勉強による上昇移動の機会が大きく開かれたとしている。「穎才新誌」はこのようなフィーバーの表現媒体であった。

もっとも、いつの時代も逸脱分子はいる。「穎才新誌」への投稿青少年も例外ではない。明治一二年五月一七日号に、勉強立身言説空間からの逸脱投稿があらわれる。

多くの者は勉強は幸福のもとなどというが、「何ゾソレ誤レルノ甚タシキヤ」と激論を仕掛ける。勉強をしなくても暖衣飽食に一生をすごす人もいれば、勉強をいくらしても凍餓死する人もいる。したがって幸福は勉強などによって得られるのではない。「機ト運」つまり機会と運という偶然性による、と勉強立身説に水をさす。ところが、そのあとこの作文への反論がいくつもでてくる。「機ト運ニ因ル」の説は、「変ヲ取テ常ヲ論シタル者」つまり例外をもって論じているのだと非難され、勉強立身言説空間が擁護される。「機ト運ニ因ル」の説に同感する作文はひとつもあらわれない。「機ト運ニ因ル」という投稿が総攻撃にあうところに、当時の勉強立身フィーバーぶりをみることができる。

『学問のすゝめ』と『西国立志編』のコピー投書

「穎才新誌」の作文は少し読めばすぐわかるように、その多くは『学問のすゝめ』や学制序文（「学問は身を立るの財本ともいふべきものにして、人たるもの誰か学ばずして可ならんや」）あるいは『西国立志編』（明治四年）の影響をうけたものである。影響をうけたというよりも、これらの言説のコピーといってもいいものがほとんどである。たとえば、「人ノ貧富賢愚ハ性質ニヨラズ」というトピックは、勉強しなければ「愚人」となり幸福を得ることができない。勉強すれば「賢人」となって「官」にもちいられ「富貴」となる、という主旨の作文である。明らかに『学問のすゝめ』の一節「学問を勤めて物事をよく知る者は貴人となり富人となり、無学なる者は貧人となり下人となるなり」のコピーである。「穎才新誌」の青少年たちは、『学問のすゝめ』や『西国立志編』によって野心を大いに加熱され、加熱された野心を「穎才新誌」の作文に託した。さらに雑誌のメガフォン効果によって野心の加熱が拡大再生産されていった。

『学問のすゝめ』は、生まれながら身につく「位」などはありえない。「位」はその人の「才徳」と「居処」によるのだ、と能力主義社会の開幕を宣言した書物だった。『西国立志編』は貧しい生まれでも忍耐と努力で一業を達成し、国家の発展に寄与することができるという生き方指南読本だった。いずれも野心の加熱読本というべきものだった。

勉強立身ルートに馴染みがない民衆

ところでここで少し注意が必要である。「穎才新誌」に掲載されている作文は当時の青少年文化の雛型ではないことである。「穎才新誌」にアクセスできたのはごくひとにぎりの文化的特権階層の子弟に限定されていたことである。

表2—1は投稿者のうち小学校在籍判明分について集計したものである。投稿者を小学生だけでみても、そのほとんどは下等小学四級以上である。上等科在籍が四七%もいる。このことがいかに異例であるかは、当時の小学校在籍者の状態と比較することによってわかる。義務教育がはじまったばかりの当時は、年齢に関係なく小学校生徒の過半数は下等七級と八級に在籍していた。上等科在籍は全小学校生徒数の一%、多く見積もっても三・五%にすぎない。[2] そのかぎり「穎才新誌」の作文は当時の青少

年の数パーセント程度の限定された集団の意識であった。

さらに明治一〇年の投稿者を族籍別にみると、士族一〇%、平民一四%、不明七六%である。不明が多いが、判明分のうちでは四三%が士族の子弟である。「頴才新誌」は士族を中心にした儒学下位文化の青少年の世界であった。初期（明治一〇～一二年）の「頴才新誌」の作文には人口の大多数を構成する農民や町人の下位文化をみることができない。家業の繁盛をテーマにするような作文は極めて稀（「家ヲ富マスノ説」明治一一年一月二六日）にしかみられない。多くの民衆は「頴才新誌」の世界とはよほど遠い世界に生きていた。

大多数を占める民衆が「頴才新誌」の世界とは異質な生活世界に生きていたことは、たとえば植物学者牧野富太郎博士の自伝にみることができる。

等級	人数
上等1級	16
2	13
3	19
4	27
5	36
6	61
7	61
8	96
下等1級	94
2	104
3	72
4	57
5	19
6	4
7	10
8	6
	計　695

表2—1　投稿者（小学生）の等級

牧野は明治維新（薩長連合）の四年前に生まれている。学問は身を立てるの財本（もとで）といわれて学校制度が施行された時期に小学校に通っている。かれはいう。小学校は上等と下等にわかれていた。さらに上等が八級、下等が八級で全部で一六級あった。試験によって上に進級することになっていた。臨時試験を受けて早く上にすすむこともできた。明治九年に下等の一級まですすんだ。しかし、嫌になって退校してしまった。嫌になった理由ははっきりしないが、「家が酒屋であったから小学校に行って学問をし、それで身を立てることなどは一向に考えていなかった」[3]、と。かれの自伝は学制序文とも『学問のすゝめ』とも「穎才新誌」の世界とも、したがって勉強立身とは縁のない民衆の世界を示している。

さらには、牧野博士の事例でさえも当時の大多数の民衆の世界を示しているとはいえない。大多数の民衆の子供は学校にもいかなかった。小学校就学率は三九・九％（明治一〇年）、四一・二％（同一二年）である。大多数の民衆にとって生物学的生存そのものが課題であり、「穎才新誌」の世界＝勉強立身などまるで遠いできごとにすぎなかった。あるいはこうもいえる。民衆にも金銭や地位への野心はあったが、教育をつうじてそれらを達成する（勉強立身）というセンスは馴染みがなかったのである。

その意味で「穎才新誌」の世界はわずか数パーセントの人々の世界でしかなかった。しかしそれは明確な下位文化として存在した。そして「穎才新誌」の世界を原風景としてのちの受験の時代が展開していった。のちの受験の時代は「穎才新誌」の世界がしだいに民衆の生活世界に浸透していく過程であった。そういう意味で、このわずか数パーセントの集団意識は重要なのである。では「穎才新誌」の投稿者や読者はどのような世界を構成していたのだろうか。作文の内容にもう少し立ち入ってみよう。

受験的生活スタイルの原型

作文を読んでいておもしろいのは、そのあとの時代に展開される立身出世主義や受験的生活世界の原風景がすでにこの時代の作文のなかにみえることである。さらにはかれらの作文の使用言語が江戸時代の用語をそのまま使っていることからみて、そのような原型の種子が江戸時代にすでに存在していたことも容易に推測できる。作文に頻出する勉強、立身、富貴、賢愚、貧賤などいずれも江戸時代によく使われた用語である。

「穎才新誌」に頻出する勉強という語は、もともと「骨折リテ勉ムルコト」つまりたゆみない努力を意味する言葉であった。しかし「穎才新誌」の作文では、「勉強」は勤勉や努力ではなく学習や学問をすることの意味で使われている。しかも勉強の意味

	八～一〇時	一〇～一二時	午後一～二時半	二時半～四時	七～九時	九～一〇時半
月曜	代数	英語	図画	物理	和英	問題集
火曜	平幾	英語	図画	化学	英法	問題集
水曜	算術	英語	図画	物理	和英	問題集
木曜	三角	英語	図画	化学	英法	問題集
金曜	立幾	英語	図画	物理	和英	問題集
土曜	平幾	英語	図画	化学	英法	問題集
日曜	代数	英語	休	休	休	休

表 2—2　受験生（明治 45 年）の日課表
（「高工受験失敗記」—「中学世界」第 15 巻 4 号，明治 45 年，195 頁）

が学習や学問に転化しても「骨折リテ勉ムルコト」の意味は依然として失われてはいない。勉強はたゆみない勤勉や努力をともなった学問行為である。受験競争がない時代にもすでに学習行為は「骨折リテ勉ムルコト」であった。ここにはのちの受験の時代における努力奮闘主義の原型がすでにあらわれている。努力主義は単に受験競争の激化がもたらしたものではない。日本人の勉強観そのものに胚胎していたのである。

　したがって勉強は、「一寸光陰不可軽」という時間の尊重と結合されて説かれる。「分秒ノ光陰モ他日大業ノ基本タルヤ必セリ吾輩不敏ナリト雖モ苟《いや》シクモ学ニ志ス豈《あに》分秒ノ時間モ軽過スヘケンヤ」（明治一〇年一二月二九日号）、と。このような勉強と結びつけられた時間の尊重意識も、のちの受験の時代に連続している。あとにくる受験の時代の合格体験記は必ずといっていいほど勉強の時間表を掲載することになるからだ。表2―2の時間表はB・T君の受験失敗記（明治四五年）のなかにでてくる日課表である。B・T君は三月に地方の中学校を卒業して東京の親戚の家にきて受験勉強をした。

午前七時に起きて八時まで庭掃除、食事をし勉強を開始している。一二時から一時までは食事や新聞の閲覧。その後また勉強。四時から七時までは手紙を書いたり、散歩、食事。B・T君は地方からでてきて友人もいなかったので週二回の割合でこの散歩時間に逗子や鎌倉にいった。由比ヶ浜の夕景色や遠くにみえる富士山の景色を楽しんだ。七時からさらに勉強。一一時就寝。月曜日から土曜日まで一日一〇時間半の勉強になる。

現実にこの受験生が時間表どおり行動したかどうかはかなり疑問である。B・T君自身もこの時間表について「この様にしてはいつたが嫌になる事は始終あつた」、とつけくわえている。受験生が時間表どおり勉強したかどうかの問題よりも、受験勉強とは厳しい時間表で自己を律することだ、とされたことが興味深い事実である。こういう時間表をつくって勉強するのが「正しい」受験勉強スタイルであるとされたのである。それは「穎才新誌」の「苟シクモ学ニ志ス豈分秒ノ時間モ軽過スヘケンヤ」という時間意識の受験版ともいうべきものだった。

武士の「立身」と町人の「出世」

また、「穎才新誌」における「富貴」の使われかたにも注意したい。富貴はもともとは「財多クシテ位高キコト」の意味であるが、「穎才新誌」の作文では「高官ニ昇リ富貴ノ人トナル」(傍点引用者)と使われている。金銭的野心というよりも「官ニ擢用」や「官ニアリテハ顕位ヲ極メ」という地位野心である。地位達成をつうじての富の獲得が含意されている。次の作文は、そうした初期の「穎才新誌」上の青少年の典型的な野心を示している。

勉強ハ何ノ為ナリヤ

抑《そも》勉強ハ身ヲ助クルノ本也如何トナレバ勉強スレバ必ズ身ノ幸福ヲ得ベシ勉強セザレバ幸福ヲ得ルヿ《こと》能ハズ故ニ日々学校ニ行キテ能ク勉強セバ賢人トナリテ人ニ用ヰラレ又官位ニ登ルヿアリ勉強セザレバ後ニハ必ズ愚人トナリテ其身ヲ終ルベシ賢又甲乙アリト雖豈ニ愚人ノ内ニ入ンヤ[4]

この作文から、「官職」願望行路という野心を容易に読み取ることができる。「官職」願望行路とは勉強↓賢人↓官職↓富貴の人生行路である。この「官職」願望行路も、のちの受験の時代における「給料取り」願望行路の原型である。「給料取り」願望行路とは、志望校に入学し卒業したら官吏、会社、銀行の勤め人になりたいという人生行路である。のちの時代の受験生たちが想定した給料取りも「穎才新誌」の青少年の野心を原風景としていた。

明治一〇年から一二年までの「穎才新誌」には家業の繁栄や商工業をテーマにする作文はほとんどあらわれない。初期の「穎才新誌」に投稿した青少年が武士文化のなかにいた士族や武士文化の影響をつよくうけた上層民衆の子弟であったことによる。したがって、勉強↓賢人↓官職↓富貴という「穎才新誌」の青少年の野心行路は、潜在化されていた武士的野心の顕現であった、とみることができる。

江戸時代の上昇移動の野心は身分によって分節化されていた。そのことは武士が、「立身」を、町人が「出世」という言葉を使ったことと、その意味内容が異なっていたことにみることができる。武士が立身を使ったのはかれらの下位文化が儒学によって、町人が出世を使ったのはかれらの下位文化が仏教によっていたからである。立身は儒学の、出世は仏教の用語である。しかも意味内容も異なっていた。「知行の加増」が武士の立身の内容であり、「金銀家財」を多くすることが町人の出世の内容であった。武士の立身はもともとは戦場で名をあげること（武）だった。しかし武士が戦闘者から官僚に変容することによって勉学＝能力（文）→官職登用の能力主義行路イデオロギーが台頭してきた。イデオローグは荻生徂徠《おぎゅうそらい》や太宰春台、佐藤信淵《のぶひろ》、海保《かいほ》青陵《せいりょう》などである。

たとえば荻生徂徠は『政談』のなかで『易経《えききょう》』の「下ヨリ升ル」という言葉を引用しながらこう述べている。一年の間にも春と夏には天の気が下へくだり、地の気が上へあがり、天と地が和合して万物が成長する。これにたいして秋と冬には天の気は昇り、地の気はくだり、天と地が隔たってしまい、万物が枯れてしまう。人間の世界もこれと同じである。下にいる才知ある人を取り立てて立身させれば、天の気が下へ降りるように、うまくいくという。そして賢才はみな低い身分から出ており、世襲の高禄の家からはきわめて稀にしかあらわれない、とまでいっている。

この徂徠の言説自体にもみることができるように、能力主義の担い手は下級武士であった。というのは、武士の数からすると官職の数は極端に少なく、しかも武士は商業などの活動を営むことが禁じられていた。その結果、多くの下級武士は無為にすごさなければならなかった。しかも武士道は、無為を大変否定的に評価した。武士の職分が説かれたからである。武士は身分的存在それ自体で正当化されなかった。「士は職分をしることが第一」とされ、武士がその職分（文武の徳知）をはたさなければ、農工商の三民に劣る遊民とされる。武士の存在の正当化は生得的な状態になくて、営為におかれたから、役職を得られない下級武士層の不満は能力主義に水路づけられた。能力主義は、下級武士の「不満」という湿地を発酵地にしていた。

このようにみれば「穎才新誌」の作文は学制序文や『学問のすゝめ』への鸚鵡《おうむ》返しをおこなっているようで、実は江戸時代に武士たちの間に存在した勉強↓賢人↓官職という能力主義行路イデオロギーを噴出させたものである、と読むべきだろう。『学問のすゝめ』や『西国立志編』も武士文化の上昇移動への野心と人材選抜様式に関する潜在的願望を言語化（翻訳化）したからこそベストセラーになりえたのである。

勉強立身という新しいパラダイム

しかしここで重要なことは、「勉強ハ富貴ノ資本説」や「勉強ハ身ヲ立ルノ基トナル」は抽象的な願望以上のものではなかったことである。イメージは強力だったが、現実感は乏しかった。

を語っているかではなく、何を語っていないかをみればよい。富貴や官職の内容についてはなにも触れられていない。それだけではない。どのような学問を学べばいいのか、どのような学校へいけばいいのか、授業料はいくらかなどの勉学や立身出世のための具体的手段や情報については一切触れられていない。『学問のすゝめ』は和歌や詩などの〝虚学〟ではなく、「人間普通日用に近き」実学の効用を提唱してはいる。しかし「穎才新誌」では単に勉強、勉学、学問が抽象的に語られているにすぎない。

「穎才新誌」の作文が抽象的言説にとどまったのは、上昇移動の熱気はすさまじかったが、明治一〇年代までは人材選抜の合理化が不十分であり、具体的な上昇移動行路が不透明だったからである。したがって勉強立身の時代とは極めて抽象的に能力（勉強）主義社会の到来が信じられ表出された時代である。しかしいそいでいっておかねばならないが、勉強立身は世界認識のパラダイム変換とでもいうべきものだったから抽象的——勉強や富貴の内容が空虚——であったがゆえに勉強立身フィーバーが可能だったともいえる。勉強立身の時代とはそのような時代であった。

ただし、「穎才新誌」におけるこのような勉強立身言説フィーバーは明治一〇年から一二年くらいまでである。以後急速に退潮する。しかし勉強立身熱は、この三年間だけのものというわけではない。『学問のすゝめ』や『西国立志編』などの登場によって火をつけられ、明治一〇年代初期まで燃えつづけた、とみるべきである。「穎才新誌」の勉強立身熱はその余熱である。

勉強立身熱のあと「穎才新誌」の青少年の情熱は、「演説会論」や「中立青年自由党募集」などの政治天下熱に変化する。この情熱の変化は国会開設についての明治一四年の詔勅が契機になっている。が、政治天下熱はそれまでの勉強立身熱とは別の志向ではない。政治的流動状態と人材選抜の合理化が不完全なときに抽象的な勉強立身熱が政治天下熱に具体化したのである。

このころの政治青少年を分析したアール・キンモンスはいう。政治に志向した青少年は税金や地方政治のような具体的テーマには触れず、ひたすら国会開設論議に熱中し、国会議員になることを夢みていた。さらに政治小説も政治をつうじての富貴読本として読まれていた、[5]と。政治的流動状態がやみ人材選抜の合理化がすすむと、政治天下熱は危険な博打的投機的情熱、政治青年は疎放な壮士とみなされるようになり、順路を経た官僚的立身経路こそ勉強立身熱の具体化経路になる。

人材選抜の四類型

人材選抜の合理化こそが上昇移動行路を可視的にし、能力主義社会像をリアルにする。そのときにわれわれは抽象的な勉強の時代からつぎの時代を迎えることになる。つぎの時代を考えるために人材選抜の合理化過程についてみよう。

人材選抜の基準は、「何であるか」による属性主義と「何ができるか」の業績主義で区別される。属性主義は身分や家柄による選抜である。業績主義は能力や実力による選抜である。しかし人材選抜の基準には属性主義と業績主義の軸の他にもうひとつ忘れてはならない軸がある。基準の恣意性の度合いである。同じく業績主義であっても、上位者による人材登用のように恣意性の大きい主観的基準と、試験のような恣意性の小さな客観的基準との区別が必要である。人材選抜の合理化は属性主義から業績主義への移行だけではない。選抜基準から恣意性が排除されていく過程でもある。前者（属性主義↓業績主義）を人材選抜の合理化Ⅰと呼び、後者（選抜基準の客観化）を人材選抜の合理化Ⅱと呼ぼう。

ここで、いま述べた二つの軸を交差させる。図2―1のような人材選抜の四つの類型ができる。もちろん図2―1の類型は純粋型である。だから現実の人材選抜様式は四つの類型の混合としてあらわれる。しかし人材選抜の合理化過程は縦軸の上側への、横軸の右側へのシフトとしてあらわれる。

類型Ⅰは官職が家格によって決まる江戸時代の人材選抜類型である。江戸時代に業績主義的選抜がなかったわけではない。またすでに述べたように能力主義イデオロギーは荻生徂徠などの思想家によって提唱されている。

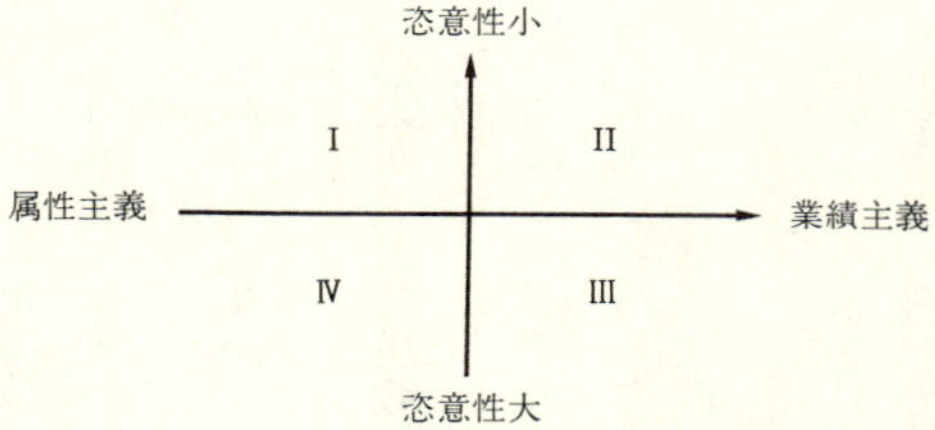

図2—1　人材選抜の合理化過程

そして室鳩巣《むろきゅうそう》や徂徠の提言によって享保八年（一七二三年）に足高《たしだか》の制が実施された。足高とは、役職ごとに基準家禄を定め、それ以下の者が就任するときには不足する額を在職中にのみ加給することである。たとえば家禄五〇〇石の者を二〇〇〇石の役職に登用する場合、不足分一五〇〇石を世襲家禄としてではなく、在職期間のみ一種の職務給として支給する制度である。財政支出を最小限におさえながら人材登用を可能にする方法であった。足高の制によって人材登用がおこなわれたことは確かである。身分社会のなかの業績主義的選抜である。

しかしこれを人材登用の活況としてみるべきではない。人材登用といっても、町奉行、勘定奉行とその配下などの限られた行政部門にのみ実現したにすぎない。番方《ばんかた》（武官）の役職はかえって格式が重んじられた。一部の行政部門では人材が登用されたが、「大部分の構成員は格式のなかに眠り、沈滞、腐敗してゆくのである」[6]。能力主義は支配的な選抜方法ではなかった。なかったからこそ能力主義が提言され、それが新鮮な思想に響いたのである。

幕末から業績主義による人材登用の気運が強くなったが、能力や業績の客観的基準が確立していたわけではない。西洋の知識（実学）をもっている者が人材登用される道が開けたが、その種の判断は登用者の恣意的基準によっていた。人材選抜の合理化I（横軸のシフト）はおこったが、合理化II（縦軸のシフト）は不十分だった。台頭してきたのは、業績主義と恣意性の領域が大きい組み合わせの類型IIIの選抜様式である。

このような状態は明治二〇年ころまで続く。行政官吏の任用は上司の気儘《きまま》な判定とコネや情実、藩閥の絆などの混合したものであった。渋沢栄一（実業家）や高橋是清《これきよ》（大蔵大臣、首相等歴任）などが任官した経緯をみても、先輩や知人の人的絆などによる偶然的なキッカケをもとにしている。高橋是清が大蔵省に出仕したときの事情はつぎのようなものである。郵政寮の前島密《ひそか》は郵便事業を軌道にのせるために、アメリカの郵便規則などの翻訳ができる人を探していた。そのことを友人から聞いた高橋是清は、友人をつうじて前島密と面談し就職した。能力は重視されたが、試験や学歴という客観的基準によって人を選ぶという制度はまだ存在しなかった。

試験で行政官吏を採用することは、明治の初めから考えられていた。諸外国の官吏任用法についても早くから調査研究されていた。しかし試験による任用がおこなわれれば、既成勢力は下僚を自ら選ぶという「特権」を手放さなければならない。したがって、試験による人材選抜は早急には制度化しなかった。高等文官試験を研究したロバート・M・スポールディングはこの時代についてつぎのように書いている。「かれらは能力の重要性は認めていたが、かれらの判断以外の別の定義や測定による能力の重要性を認めるところまではいっていなかった」[7]。こういう人材選抜様式はさきの図の類型Ⅲである。

したがって、明治一九年に帝国大学を頂点とする学校序列ができ、明治二〇年に官吏の任用試験制度ができたことは、人材選抜の大きな転換期だった。図2—1の類型Ⅲから類型Ⅱへの移行だからである。類型Ⅱこそ試験の時代である。明治一〇年代までが抽象的能力主義時代以上のものでなかったという所以である。こうして、抽象的勉強立身熱と政治天下熱の時代はおわり、試験と学歴の順路の時代になる。

僥倖から秩序の時代へ

明治二〇年代は転換の年代として意識された。それは明治二三年に出された『試験及第法』（黒田廣哉著、大阪鳳文社）という本を読んでみるとよくわかる。

この本は冒頭にいう。我が国はこれまで——明治二〇年以前——門閥登用であった。学問も才能もなくて人的絆で高位高官になった。しかし明治二〇年の勅令第三七号文官試験試補及見習規則によって、初めて試験によって才能ある人が高位高官になる大変喜ぶべき時世になった。試験に合格さえすればどんな高位美官にでも容易に登用される。才能の時代になった。「公平不偏の選択人法」の時代になったという。試験の時代の開幕を語っている。

『試験及第法』が明治二〇年以前を門地家柄の時代と描いているのは、明治一〇年代の作文が能力主義社会の開幕を語っていることからみると奇妙である。このズレはつぎのように解釈できる。

『試験及第法』は明治二〇年代に書かれた。だから『試験及第法』における明治一〇年代論はあくまで回顧的定義である。明治二〇年代の客観的基準による人材選抜=試験の時代をむかえた人々にとって、それ以前の時代はたとえ能力を重要視していてもそれが恣意的基準であるかぎり、能力主義とはみえない。門地家柄の時代だったとみえてしまう。認知の詐術ともいうべきものである。しかし明治一〇年代までの人々はあくまで江戸時代を基準に明治を新しい社会としてみている。だから「穎才新誌」の作文には、そうであるというより、そうであるべき、あるいはそうあってほしいや、そうなるだろう、という規範思考や願望思考が入りこんでいる。「穎才新誌」と『試験及第法』の明治一〇年代論のズレは、それを前の時代（江戸時代）からみているか、後の時代（明治二〇年代）からみているかによる差異である。

そのような差異はともかく、明治二〇年代が人材選抜の転換の年であることは、明治二〇年代のさまざまな少年向けのエッセイや教訓の論説パターンにも読みとることができる。ここでも論説は明治二〇年代をそれ以前の時代との対比法で描く。対比のキーワードは「僥倖《ぎょうこう》」と「秩序」である。明治二〇年前は「僥倖」の時代で、明治二〇年後は「秩序」の時代という対比法である。

論説はつぎのようなものである。維新ののちの社会は、官界も商工業の世界も「僥倖」こそ成功の条件だった。田舎から無一文で上京して、巨万の大商業家になった者が少なくない。また、一介の空論放語する書生が時務策を新聞に投書することによって名士の目にとまる。庇護をうけ、奏任官となったことも少なくない。つまり僥倖の時代だった。ところが今や時代はまったく一変した。順路の時代である。正しい順路とは、文官試験に合格することや武官の学校をでることだ。秩序ある順路を踏まなければ、成功できない時代なのだ。「僥倖は夢にも得難く、正当なる順路を踏むにあらずば東京に来るも決して一事を成し一業を知る能はず」。学資、入学すべき学校の確定が必要な時代である、という具合である。

この場合もさきに紹介した『試験及第法』と同じで、人材選抜の合理化II（基準からの恣意性の排除）が誕生した明治二〇年代になって、それ以前の時代が「僥倖」的だったと回顧的定義がなされる。

明治二〇年代は投稿雑誌「穎才新誌」が衰退するときでもあった。明治三四年六月には「穎才」と誌名をかえ廃刊にむかう。いまや「穎才新誌」の衰退と廃刊の理由は説明の必要がないだろう。明治二〇年代は上昇移動の熱気（勉強立身言説）や政治天下熱を反芻《はんすう》する時代ではなくなった。投稿によって情熱を発散させたり、投稿を読むことによって時代の熱気を感じる時代ではなくなった。情熱ではなく、具体的な学校情報や試験情報を必要とする時代になったのである。

学校ガイドブックの登場

こうして明治二〇年代に学校案内ガイドブックが登場してくる。なかでも『東京遊学案内』が有名である。『東京遊学案内』は明治二三年から毎年発刊された。どんなことが書かれてあるのか。明治二五年の『東京遊学案内』を覗いてみよう。

まず遊学者への注意がなされる。東京へいけばなんとかなると考えている者がいるが、それは「架空の策」であって危険な考えである。学資は年額八〇円から一二〇円必要である。また東京の学校に入学するときに、東京在住の保証人が必要である。上京の前に準備しておくこと。上京したら衛生に注意しなければならない。とくに肺結核は不治の病である。風邪のとき感染しやすいから風邪をひかないこと。また脚気《かっけ》も危険な病気である。湿度の高い下町を避けて、高台にある山の手に宿をとるのがいい。とくに学生は運動不足になってさまざまな病気の原因になる。学校から遠隔の地に宿所を定めるのがよい。さらに東京へきて政治熱にうかされることのないように、とも注意される。政治熱に罹って学業を忘れて大言壮語して壮士のなれの果てにならないことだ。

ざっとこんな調子で丁寧なアドバイスがなされる。それがすむとつぎに東京の学校について、修業年限、授業料、カリキュラム、定員などについての学校案内がなされる。最後に第一高等中学校、高等商業学校、陸軍士官学校などの入学試験問題が掲載されている。

『学問のすゝめ』や明治一〇年代初期の「穎才新誌」においては抽象的な「勉強」や「学問」が語られた。しかし、いまや上京の準備、カリキュラム、授業料、入学試験問題など具体的な学校案内の時代になったのである。明治維新以後の社会を「僥倖」の時代としたさきの論説はつぎのように書いている。「実に今日は秩序の時代なり、秩序を履《ふ》まざる者は、社会決して之を迎へず。文官たらんとする者は、文官登用試験の秩序を経ざるべからず、武官たらんとする者は、武官の学校よりせざるべからず」[9]。

こうして試験と学校の時代が開幕した。文武で身を立てるという武士たちの立身出世の原イメージは高等中学校や軍の学校（陸軍士官学校や海軍兵学校など）に入学することに確実に水路づけられた。当時の人々はそれを「秩序」や「順路」の時代の開幕として意識したのである。

第三章　受験雑誌の誕生

「遊学」は明治二〇年代のキーワード

「受験」という言葉はいまではきわめて卑近な日常用語である。「受験生」や「受験競争」などの派生語でさえもそうである。ところが明治二〇年代の学校案内には受験という言葉は頻繁には使われていない。第二章のおわりにとりあげた明治二〇年代の『東京遊学案内』をもう一度注意して読んでみよう。

今のわれわれにとっては奇妙であるが、そこでは「受験」という言葉にほとんど出会わない。第一高等中学校などの高等中学校受験のための学校案内の表題に「中等受験科学校」と使われているだけである。受験がもっぱら入学試験を受けるという意味になったこと、しかも日常的に使われるようになったのはいつごろだったのだろうか。

その普及過程は、受験の時代の誕生を物語るはずである。ここでいう受験の時代とは単に入学試験競争が困難になったということにとどまらない。上級学校進学者が進学準備期間という時間を独自な意味空間として編成しはじめた時代をいう。受験という用語の普及過程をふりかえることで、受験の時代の誕生の様子をみよう。

『東京遊学案内』のキーワードは「遊学」や「遊学者」である。冒頭に述べたように「受験」という言葉は、高等中学校受験のための学校案内の表題に「中等受験科学校」と使われているだけである。その他の章にはみあたらない。受験は全体のキーワードになってはいないのである。ちなみに『東京遊学案内』の各年版の第一章のタイトルはつぎのようである。「遊学者の指《し》鍼《しん》」（明治二四年版）、「遊学者の注意」（明治二五年版）、「遊学者の指鍼」（明治二六年版）、「遊学者の指針」（明治二七年版）。二〇年代の『東京遊学案内』の第一章の題名に受験という言葉はみあたらない。さらに『東京遊学案内』の広告をみよう。それはつぎのようなものである。

東京は我帝国の大都にして、文芸学術の淵叢なり、故に天下の年少笈《きゅう》を負うて闕下に簇《あつま》り、蛍雪数年、将来の栄達を期するもの、年々幾万なるを知らず、本書は、是等遊学者の指鍼に供せむとする目的を以て、毎年新に発行するものにして、官立諸学校はいふも更なり、司法省指定学校、各受験科尋常中学校、各種専門学校等、在《あ》らゆる学校の新規則及び入学試験問題を載せ、之に加ふるに学事状況、上京準備、入学手続、寄宿撰定、在学年数、学費概算、就職一斑等、凡そ今日の遊学生に必要なる心得は、細大網羅して一も遺す所なし。新遊学者一本を坐右に備へて、以て上京の伴侶とせよ。発刊は本月の下旬にあり、日々の注文雲の如し、送本凡《す》べて代金払込の順序によれば、期に後れて悔い給ふ勿《なか》れ。[1]

ここには受験という言葉は「各受験科尋常中学校」ということで一回登場するのみである。受験が広告のキーワードになっていないことがわかる。明治二〇年代は、受験の時代にはまだ早すぎた時代であることを示すものである。

二〇年代のキーワードは「遊学」である。遊学とは「故郷ヲ去リ、他方ニ出デテ、学問スルコト」である。遊学案内の時代には入学試験のための勉学つまり受験ハウツー本の側面はほとんどなかった。単に学校を紹介し入学試験問題を掲載するだけである。受験勉強のハウツーのかわりに、東京でどう過ごすかの都会生活情報のほうに頁が割かれている。当時の人々にとって上京とははじめて汽船や汽車にのり、はじめて電気燈に出会うビッグな旅であった。地方に住む人にとって東京は今のヨーロッパとくらべることさえもできないほど遠いところであった。東京でどう生活するかのマニュアルが必要だった。遊学案内が都会情報読本を兼ねていた所以である。

受験雑誌の源流

学校情報記事において「受験」が「遊学」にとってかわってキーワードになりはじめるのは明治三〇年代からである。上京進学者の課題が都会への適応問題から試験をどうやって突破するかに変化したからである。都会への適応問題が軽減したというのではない。それ以上に入学試験の困難性の問題が突出してきたのである。こういう遊学から受験へのキーワードの変化は二つの青少年雑誌の学校・試験情報欄の名称の違いにみることができる。二つの雑誌とは、明治二〇年代を代表する「少年園」と、三〇年代を代表する「中学世界」である。

「少年園」は明治二一年一一月に創刊された。今までふれてきた遊学ハウツー読本『東京遊学案内』は、この「少年園」の出版社から毎年刊行された。「中学世界」のほうは、中学生が急増する明治三一年九月に発行される。明治二〇年代から三〇年代にかけて中学生の数がいちじるしく増大する。このころ明治二〇年の中学生数の五倍（五万三〇〇〇人）になる。「穎才」や「少年」という茫漠としたカテゴリーではなく、「中学」生というカテゴリーが使用可能になった。「中学世界」という雑誌の発刊はそんなことも示唆する。

明治時代にはまだ受験専門の月刊雑誌はなかったが、雑誌「少年園」や「中学世界」は試験と学歴の時代以後の雑誌だから、前章で取り上げた「穎才新誌」と異なって入学試験問題や学校情報を掲載している。

明治二〇年代の「少年園」においてはこの種の情報は間歇的にとどまったが、三一年に登場した「中学世界」においては学校と試験情報が毎号掲載される。学校・試験情報の掲載頻度の違いだけでなく、二つの雑誌の入学・試験情報欄の名称も異なっている。二〇年代の「少年園」は「遊学の栞」というまだのどかな響きをもった用語が使われている。ところが、三〇年代の「中学世界」は「受験案内」という切実感溢れる名称になっている。この違いが受験の時代の誕生にかかわっている。

「中学世界」はどんな雑誌だったのだろうか。一言でいえば総合雑誌の類である。社会評論、文芸などの記事によって構成されていた。そして、発刊から九年後つまり明治四〇年に「最近受験界」という特集号がでる。といっても明治四〇年に突如として本誌（「中学世界」）の性格と異なった受験特集号がでてきたわけではない。明治三〇年代末になると、「中学世界」誌上で入学試験問題や学校案内、受験参考書、合格体験記など受験関係記事の割合がしだいに多くなる。受験特集号は本誌の「中学世界」において、受験関係記事が増えていったことの自然史的発展というものだった。

「中学世界」の表紙

「最近受験界」という受験特集号の記事は、学生と受験、最近受験界の趨勢、高工受験術など受験関係記事一色からなっている。付録には明治四〇年度の官立諸学校の入学試験問題が添えられている。本書第一章冒頭に書いた受験体験談はこの「最近受験界」に掲載された受験記（「受験四日間　第一高等学校入学試験実験記」）をもとにしている。

しかし「最近受験界」は月刊の受験雑誌ではない。あくまで本誌「中学世界」の特集号である。そのあと年二回ほどの頻度で「学事顧問」とか「受験界」「就学顧問」「受験準備」などの名前で受験特集号がでる。明治四〇年の受験特集号「最近受験界」がかなりの成功をおさめ、柳の下の泥鰌《どじょう》が狙われたのである。明治四〇年代になると、受験専門雑誌の市場が確実に成立していたわけである。

月刊の受験専門雑誌の登場は大正時代まで待たなければならないが、「中学世界」の特集号（「最近受験界」など）こそ大正時代の月刊の受験専門雑誌そしてその後の「蛍雪時代」にまでいたる受験雑誌の源である。とくに「中学世界」の受験特集号はそのあとすぐ（大正時代）に登場する受験専門雑誌のモデルとなった。あとに述べるように、「中学世界」の受験特集号の題名「受験界」をそのままいただくチャッカリした受験雑誌もあらわれるからである。

受験！　受験！

いま述べたように、「最近受験界」は「中学世界」の特集号なのだが、この特集号の題名そのものが露呈しているように、今やキーワードは完璧に「受験」である。学校（遊学）ガイドブックは受験ガイドブックに変容したわけである。

「最近受験界」は、母体雑誌の「中学世界」（第一〇巻一三号、明治四〇年）のなかでつぎのように広告されている。

受験は学生諸君に取りての一種の死活問題也。而してこの難関を首尾よく撃破せんには勉強も大事なり胆力も亦必要なれど受験界一般の状態、並びに其背後に伏在せる暗潮に通じて此等の実際智識を得ること、これを最要の事業とす。且つや、学校に依りては、それ〴〵特殊の受験方法あり技術もあるなり。即ち「最近受験界」に当代受験者の必須科目を網羅して彼等に学問以外の一大便宜を与ふるものなり。

ここでは「受験」「受験界」「受験方法」「受験者」などという形で「受験」という言葉が頻出している。明治二〇年代と異なって明治四〇年には「受験」という言葉が頻繁に使われるようになっていた、ということになる。

ここで誤解のないようにつけ加えておきたいのだが、受験という用語の誕生で含意しているのは、明治三〇年代から受験という言葉が大量に使用されるようになったということである。それ以前に受験という言葉がなかったというのではない。受験という言葉は明治三〇年以前にも使われている。『日本国語大辞典』は「受験」という言葉の用例に明治二七年の文官高等試験細則のつぎのような一節をあげている。「書類其の他受験の材料となるべきものを携帯して試験室内に入ることを得ず」。「受験料」や「受験者」という言葉も明治二〇年代にみることができる。

私が受験という用語の誕生で意味していることはつぎのようなことだ。(Ⅰ) 受験という用語が頻繁に使われるようになった。(Ⅱ) 受験の意味が職業資格試験を含めて試験一般を受けるという広い意味から入学試験を受けるという狭い意味に特化しはじめた。これである。

受験という言葉の「日常用語化」と受験の意味がしだいに入学試験の受験に「特化」するという過程の背後には、いうまでもなく入学試験の激化と入学試験を受ける者が飛躍的に増大したことがある。

中学生の進路

それをまず中学卒業生数とその進路からみることにしよう。表3―1にみることができるように、中学卒業生数は明治二〇年代に急増する。しかしまだ一〇〇〇人単位である。三〇年代以後の増加はめざましい。明治三五年は明治二〇年代後半の六倍以上、六五〇〇人台になる。卒業生の増大にともない高等学校や専門学校への進学者もいちじるしく増大している。

しかし表から中学卒業者全体に占める進路の割合をみると、高等学校進学者の割合は三四年ころから急激に低下してくる。明治三三年ころまでは中学卒業生の三〇～四〇%が高等学校に進学しているが、三〇年代半ばに一〇%台に落ち込む。三〇年代末期には一〇%を割ってしまう。上級学校進学者の数自体は増大するが、それ以上に予備軍（中学卒業者）の増大テンポが早かったからである。上級学校進学者の絶対数は増加しても卒業生に占める相対的割合は減っていった。逆に進路未詳・未定の者の割合が大きくなる。進路未詳・未定にはかなりの「浪人」が含まれている。高校入学者に占める浪人の割合は、二一・八%（明治三三年）、二九・八%（三四年）、三六・六

年度＼進路(%)	高等(中)学校入学	専門及技芸学校入学	士官候補生・兵役	学校教員就職	官庁就職	自家・他業務従事	死亡	未詳・未定	合計人数(人)
明治 26	35.3	12.7	7.1	8.8	5.0	14.8	0.3	15.9	863
27	39.7	13.0	7.4	7.4	3.6	12.4	0.2	16.3	949
28	44.2	11.4	8.1	5.7	4.4	11.3	0.6	14.4	1,170
29			不		明				
30									
31	40.2	13.5	12.6	6.0	2.1	7.5	0.2	17.8	2,097
32	33.0	16.5	12.8	6.0	1.9	5.6	0.5	23.8	2,789
33	30.6	17.7	11.0	6.4	1.5	8.3	0.3	24.3	3,759
34	19.4	23.7	8.9	7.3	1.0	6.8	0.4	32.4	5,414
35	12.9	26.2	7.3	8.7	2.2	9.2	0.4	33.1	6,556
36	10.0	31.8	5.5	7.0	1.6	11.9	0.5	31.7	7,480
37	9.3	33.2	7.9	5.0	2.7	9.5	0.5	32.0	8,538
38	7.3	33.7	9.3	6.1	2.1	9.1	0.5	31.9	9,927
39	6.2	29.8	5.1	6.1	2.4	14.2	0.4	35.7	11,077
40	7.1	28.4	6.1	6.4	3.0	14.1	0.4	34.5	11,709
41	6.9	26.7	4.8	7.9	3.2	16.1	0.6	33.8	11,781
42	7.0	27.6	4.2	9.4	2.0	14.8	0.5	34.5	11,769
43	7.6	25.0	4.9	11.6	2.1	12.4	0.6	35.7	15,790
44	7.6	25.4	4.5	11.6	2.4	13.3	0.5	34.8	16,763

表 3—1　中学卒業生（官公立）の進路
（桜井役『中学教育史稿』受験研究社増進堂，1942 年より作成）

％（三五年）と上昇する。[2]

なおこのころはまだ「浪人」という言葉は使用されていない。過年度卒業生を指す浪人という言葉がいつごろから使われるようになったかは不明だが、おそらく大正末期からであろう。この時代に高校生の帝国大学や官立大学への進学難が生じ、再受験者は「白線浪人」（高校生の制帽に白線が入っていた）と呼ばれるようになったからである。「浪人」という言葉が使われる前は、過年度卒業生には制帽がなく、鳥打ち帽を被っていたことから「鳥打ち帽」と呼ばれていた。

第一高等中学校の入学試験ほどむつかしき試験は少なし

つぎに視点を変えて、入学試験の激化を高校志願者と入学者の割合でみよう。明治二〇年代までは入学試験志願者が少なく、また入試がそれほど厳しくなかった。例外は第一高等中学校だけだった。

第一高等中学校の入学試験については、すでに明治二二年に「第一高等中学校の入学試験ほどむつかしき試験は少なし」とある。この記事はいう。毎年受験者は一〇〇〇人を越え、入学許可者は二〇〇人に満たない。五、六人あるいは七、八人に一人の合格である。一度の受験で合格するものは稀である。大抵は一、二度落第して入学するのが普通である。だから応募者はまず東京英語学校などの私立学校で二、三年準備をしてのちに応募するべきである。[3]

しかしここに書かれている第一高等中学校の入学試験関係の数字は少し誇張されている。この記事のもとになった明治二一年の第一高等中学校受験者数は八〇〇人、合格者は一五五人である。実際の競争率は五・二倍である。合格者を輩出した御三家は、共立学校（五三人）、東京英語学校（五三人）、成立学舎（三〇人）だった。[4]

しかしこの時代の入学試験はあとの時代と根本的に異なっていることに注意したい。定員過剰による排斥試験ではなかったからである。高等中学校の定員はすべての尋常中学校卒業生を収容できる数字だった。高等中学校（本科・予科）の定員充足率は四〇％（明治二〇年）、七三％（二三年）、六九％（二六年）[5]。いずれの年度も定員を充足していない。あとの時代の入学試験と異なって入学志願は予科第三級から本科二年級まで学力にみあった学年を選ぶことになっていた。また合格点も決まっていた。だからのちの時代と異なって、この時代の入学難は絶対的学力不足による試験難だった。さらに高等中学校設置区域内の尋常中学校を卒業し、校長から品行方正学術優等身体壮健と認められた者は、学力相当の学年に編入もできた。

試験難はあっても、あとの時代のようにパイ（定員）は一定であり、誰かの勝利

（合格）は誰かの敗北（不合格）をもたらすという零和ゲーム（ゼロサム）競争ではなかった。競争の重圧感が昂進するのは零和ゲーム競争である。そのときに他人を蹴落としたり、他人から蹴落とされるという競争観が生じる。明治二〇年代の入学試験はまだ非零和ゲーム競争だった。また高等商業学校や東京工業学校などの官立専門学校も明治二〇年代末から三〇年代はじめまでは尋常中学卒の無試験入学が存在した。

二〇年代は無試験入学制がかなりあったことと、入学試験難はあってものちの時代のように相対的な序列を競う食うか食われるかの競争（闘争）ではなかったということが、重要であろう。入学難は学力不足として意識されていた時代である。

難問奇問批判第一号

試験問題も三〇年代から比べるとかなり易しいが、他方では試験問題としてははたして適当かどうか疑われるような難問奇問の類も少なくなかった時代である。「第一高等中学校の入学試験ほどむつかしき試験は少なし」と書かれた明治二一年の第一高等中学校の物理の入学試験問題はつぎのようなものである。

物体ノ地上ニ落ツルハ何故ソ

船ノ水上ニ浮フ理ハ如何
「ポンプ」ヲ以テ水ヲ低キ所ヨリ高キ所ニ挙クル理ハ如何
水入《みずいれ》ニハ必ス二個ノ穴アリ其用如何
音響ハ伝達ニ時間ヲ要スト云フ之ヲ証スヘキ例ヲ挙ケヨ
山彦ハ如何シテ起ルカ

あとの時代の問題から比べればかなり易しい問題である。いまの私立中学校入学試験のほうが難しいはずである。とはいっても二〇年代の尋常中学校教育はこのような試験問題に対応するにはかなり遅れていた。だから当時の受験生にとってはかなりの難問であったことは想像に難くない。

難問奇問批判もすでにこのとき（明治二一年）にでている。記事は「高等中学校の試験例題」である。おそらくこの記事は、入試難問奇問批判の本邦第一号だろう。評者は日本史と外国史のかなりの問題が「高尚の議論に渉れり」と批判し、具体的にはつぎのようにいう。

日本歴史における「鉄砲ハ何レノ時代ニ伝来シ何レノ戦争ノ頃ヨリ使用シ来リタルカ」という問題にはさまざまな説があって確定しがたいとする。評者は伝来年代説をいくつも挙げる。そこで、時期が確定しがたい鉄砲ではなく、伝来の時期が確定されている砲術を入試問題に選ぶべきだった、という。その他に「イギリストフランストノ有名ナル戦争ノ一二ヲ記セ」という問題を不適当とする。余りに細かな知識をきいている。『万国史』にも個々の戦争の名前は本文になくて註にのせられているからだ。「千八百四十八年ノ仏国革命以後普仏両国ノ関係如何」は、歴史の初歩を修めた程度の者にはとても歯がたたない難問で、学者でも種々の答えがあって定説がない。「オースタラ《ママ》リアヲ発見セシ人」はブリタニカ百科事典でさえ人名を書いていない。このような問題は取り消してもらいたい。そして入学試験問題出題者へつぎのような苦言がなされる。

　試験は受験者の学力だけでなく試験する者の学力や見識を測るものでもある。試験する者が試験科目に未熟であるときは問題が「鎖末《ママ》不必要の事項」に走る傾向がある。試験する者が試験科目に熟達していても試験の方法に熟達していないときは、問題は「高尚失実の理論」になりがちである。では学科と試験の方法とに熟達していればいいかというと、そうでもない。受験生の年代の者を教育したことがないときには、はじめに意図しなかった「意外の結果」が生じてしまう[6]、と。

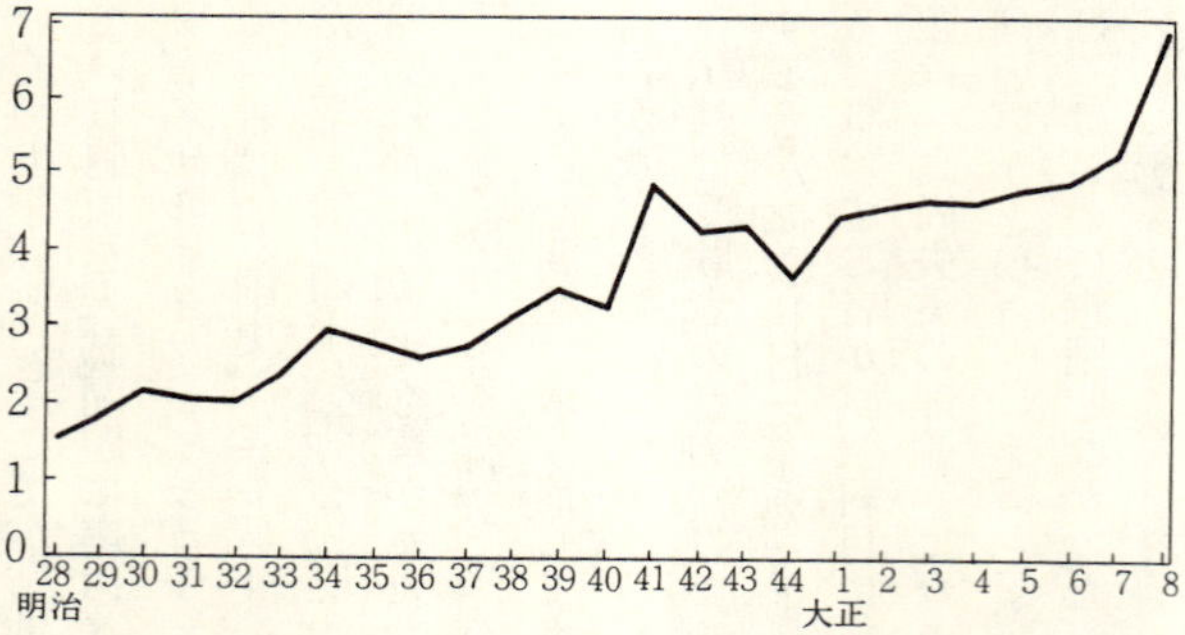

図3—1　高等学校入試倍率推移（明治28年〜大正8年）
（文部省年報より作成）

高等学校・官立専門学校の入試の激化

高等学校入学試験の競争が厳しくなるのは三〇年代半ばからである。高等学校入試倍率は明治三二年ころまでは、ほぼ二倍以内だった。三〇年代後半からは二・五〜三・五倍になる。四〇年代には五倍近くになる。

入学試験が激化したのは高等学校だけではない。東京高等工業学校（東京工業大学の前身）や東京高等商業学校（一橋大学の前身）などの官立専門学校もすでに難関校であった。明治三五年の東京高商と東京高工の競争倍率は、それぞれ四・九倍、四倍である。三〇年代からの「中学世界」には第一高等学校合格者だけでなく「余の実行せし高商試験合格の方法」（第九巻一三号）とか、「東京高工入学試験失敗記」（第一〇巻七号）という題名で東京高商や東京高工の合格者（不合格者）体験記がしばしば掲載されている。高校だけでなく一部の官立専門学校がすでにかなりの難関校になっていることの証拠である。

なお軍関係の学校はすでに明治三二年に六・五倍（海軍兵学校）、三・八倍（陸軍士官学校）、四・二倍（陸軍幼年学校）だった。軍関係の学校は高等学校と比べてどの程度難関だったのかについて少しふれておきたい。[7] 難易度は時期により異なっている。廣田照幸の陸軍士官学校入学者に関する研究[8]によれば、大正初期あるいは中期から都市の「一流校」の生徒たちの間には陸軍士官学校への志向が弱まっていたといわれる。大正七年の「中学世界」に各学校入学者が出身中学校でどの程度の成績順位だったかに関するデータがある。廣田の説にしたがえばこのころは都市部の「一流中学校」の生徒に軍学校の人気が低下しはじめた時になるが、このデータによれば高等学校入学者の五三％が成績上位一〇％以内である。以下四七％の海軍諸学校、四六％の陸軍士官学校、二九％の陸軍経理学校とつづいている。[9] この数字は出身中学校の学校差を考慮していない。したがって厳密な比較の数字にはならないが、軍関係の学校は高等学校と肩をならべるほどの難関校であり、高等学校以外の学校よりかなり難しかった、とはいえるようである。

話を戻そう。高等学校や東京高工、東京高商などの官立学校が難関校になってくるのは、明治一〇年代末から三〇年代にかけて官吏や教師、医療関係専門職などの各種職業資格や徴兵制度などの特権に関して官公立学校重視の傾向が急速に高まってきたからである。明治三〇年代は、単なる学力ではなくどのような学校を卒業したかの学校歴社会になったからである[10]。いまや時代は秩序や順路でもなく「知識の戦場」[11]として意識されるようになった。「知識の戦場」という言葉こそ受験の時代の開幕を象徴している。

どこへでも入りさえすればよい主義の芽生え

明治三〇年代の入学試験の激化によってすでに志願者の間には、とにかくどこかの学校に潜り込みたいという風潮も生じていた。当時の記事はそういう傾向を「何にでも這入りさへすれば主義」と名づけている。掛け持ち受験をして、合格したところに潜り込むという傾向である。その傾向はつぎのようなものだった。

第一志望＝一高、第二志望＝東京高工あるいは東京高商。いずれも不合格になると、水産講習所というコース。第一志望＝東京高工、第二志望＝水産講習所、第三志望＝農科大学実科というコース。第一志望＝兵学校、第二志望＝機関学校あるいは商船。さらに、一高浪人たちが諦めて「落ちて行く先」は外語、商船学校、慶応、早稲田だった。現在では超難関大学の慶応や早稲田をはじめとする私立大学も、この時代にはつぎのように扱われている。私立大学は万事に便利で、年齢も体格も無関係。どんな「鈍物」でも「どん〳〵落武者を呑み込む」[12]と。私立専門学校は受験競争の飛び地だった。飛び地はどのくらいあったのだろうか。

表3―2は、今ふれた記事が書かれた二年前つまり明治三七年度における官公立専門学校と私立専門学校の入学倍率である。官公立専門学校の倍率が平均二・五倍であるときに、私立専門学校の倍率は平均一・一倍でしかない。私立専門学校が受験競争の無風地帯だったことが確認される。つぎに無風地帯の規模をみよう。

表3―2　専門学校競争率（明治37年）
（『文部省第三二年報』より作成）

	官公立（人）		私　立（人）	
	志願者	入学者	志願者	入学者
本　科	3,052	1,114	7,479	6,453
予　科	381	174	4,210	3,769
別　科	1,269	538	516	434
研究科	122	122	350	334
計	4,824	1,948	12,555	10,990

同年（明治三七年）度の私立専門学校入学者は一万九九〇人である。官公立専門学校と高等学校の入学者はそれぞれ一九四八人、一五四六人。合わせて三四九四人である。私立専門学校入学者は官公立専門学校と高等学校入学者を合わせた数の三・二倍の人数を収容している。さきほどの記事がいうように、私立専門学校は来るものは拒まずで「どん〳〵呑み

込」んでいたことが確認される。

そういう大きな無風地帯があったにしても、明治三〇年代末から四〇年代にかけて官公立専門学校ははげしい受験競争時代になった。このころ入学試験の今昔に関する言説が頻繁に登場する。今昔言説は大きな断絶を経験しつつあるときに語られる。入学試験に関して明治三〇年代末は一〇年前と大きな断絶があった。

明治三〇年代末の入学試験今昔論はいう。今から一〇年ほど前は進学しようとする者は少数で、入学も困難ではなかった。「小六《こむつか》ヶ敷《し》い」入学試験などはほとんどなかった。そして卒業すれば「ドシドシ売口があつた」。中学卒業生は専門学校へ無試験で入学できた。ところがいまやそうはいかなくなった。中学校の卒業生は年々増加して何万という数になる。しかもその多くが高等学校や専門学校に進学したいというのだから「たまらない」[13]。

こういう「たまらな」さは、いかにして学校を選定するか、どのように入学試験問題に対処するかなどのハウツー領域（「受験法」「受験案内」「受験問答」）を誕生させ、受験という言葉を日常化していく。単に試験を受けるというよりも試験の前の準備、受験校の選定などが特有の時間・空間として誕生する。受験はそのような時間と空間を指定する用語である。

こういう時空間あるいは受験という用語を普及させるのに寄与したのは、なんといっても受験ハウツー記事を詰め込んだ受験雑誌である。ここで受験雑誌の登場についてふれよう。

二大月刊受験雑誌の登場

すでに述べたように、明治時代にはまだ月刊の受験専門雑誌はなかった。極めて近いものが明治四〇年に登場した。「最近受験界」である。ここまではすでに述べたが、管見では本格的な受験専門雑誌は大正二年の「受験世界」が最初である。しかしこれは季刊雑誌のようだった。ようだったというのは、実物が見つからず、今となっては広告を通じて推測する以外手立てがないからである。大正六年にはさらに「受験界」という季刊雑誌がでる。「受験界」の第三号（大正六年）のあとがきには、つぎのようなことが書いてある。「近来受験に関する雑誌が又新たに二三現れました。受験生諸君の為には幸福でありますが、吾々に取りてはなかなか容易ならぬ次第であります」。これは、大正六年にはすでに受験雑誌が相当でていたことを示している。昔の各種受験雑誌をすべて保存している図書館はない。昔の受験雑誌状況を知る手立てに乏しい。その意味でこのあとがきは貴重な証言である。

1	受験と学生	16人
2	英語研究	8
3	考へ方	5
4	受験界（中学世界増刊号）	5
5	数学研究	2
6	その他の数学雑誌	1
7	1、3、6各々一冊宛	3

表3—3　中学時代に読んだ受験雑誌
（「受験参考書及び教科書の統計的研究」「考へ方」第9巻1号，大正15年，77頁）

ここにいう「新た」な受験雑誌とは、おそらく「受験と学生」と「考へ方」という月刊受験雑誌であろう。「受験と学生」は研究社から出された。「考へ方」は日土講習会を主催し、数学の参考書著者としても有名だった藤森良蔵によって刊行された。「受験と学生」（大正六年四月）と「考へ方」（同年九月）が月刊の受験雑誌として初めてのものである。

その他に「受験灯」などという雑誌もあった。この雑誌は大正初期に季刊雑誌だったが、大正一一年に消えた。受験雑誌販売競争に敗北したからである。大正一四年に月刊として復活した。「受験灯」という雑誌の名前の由来は、受験界は暗黒だからその光明（灯）たらんとしてつけられた。しかしその後「受験灯」は長く存続した形跡がみられない。昭和初期に消滅した。受験雑誌敗者復活戦も水の泡だった。現在と同じで受験産業自体も競争過多で大変だったわけである。

そのなかで多くの読者を獲得し受験雑誌黄金時代を画したのが「受験と学生」であ

る。表3—3は大正一四年に大阪高等学校文科一年生の一クラスで実施された受験参考書のアンケート調査である。今となっては大変珍しい調査であるが、「受験と学生」の圧倒的人気が確認される。しかし「受験と学生」の黄金時代もいつまでも続かなかった。ここらあたりは受験雑誌興亡史といったところである。

歐文社と螢雪時代

昭和六年に歐文社が創業される。通信添削をはじめる。その会員機関誌が「受験旬報」であった。通信添削の会社自体は歐文社以前から存在していた。歐文社の登場の一〇年以前の大正一〇年にも英語添削会というのがある。したがって、歐文社が登場した時代は通信添削会社も競争過多だった。昭和一三年にある受験生が、「私がしつてゐるだけでも『十二位』の通信添削会がある[14]」、と書いているほどである。そのなかで歐文社の「通信添削」は爆発的勢いで伸びていく。

歐文社の通信添削の魅力はつぎのようなものであった。歐文社以外の会社の場合は発送が遅れたり、他人の答案が間違ってくることがよくあった。ひどいときは問題の発送が遅れて解答と一緒に到着するというようなこともあったらしい。歐文社にはそのような事務のミスがなかった。また、去年と同じ問題を出したり、市販の参考書の

歐文社通信添削会の広告

なかの問題をそのまま出すなど、かなりいい加減な会社もあった。歐文社のものは、良問が出され、添削もきわめて親切だった。機関誌の「受験旬報」も好評だった。創業者の赤尾好夫は記事の三分の一を一人で書いた。かれは原稿を書くと社員に読んで反応をたしかめながら手直しする、[15]という熱の入れようだった。ここらあたりは講談社を創設した野間清治を彷彿させる。野間は雑誌「キング」などによって大衆・庶民に照準したが、赤尾好夫も昭和初期の大衆化しはじめた受験時代に的確に照準した。

昭和一二年の歐文社発表の資料[16]によると、第一高等学校の合格者の五五％、第三高等学校の六四％が歐文社の通信添削会員だった。昭和一三年の英語通信添削の成績発表欄をみると、答案提出数が一万三六一〇人に達している。上級学校進学者のかなりが歐文社の通信添削会員だった。昭和一六年に「受験旬報」は月刊雑誌「螢雪時代」になる。昭和一七年に軍国主義のあおりで歐文社という社名は現在の旺文社に変更されるが、そのころの「螢雪時代」の読者欄につぎのようなユーモアがのっている。当時の旺文社の急成長と照らし合わせてみるとおもしろい。

　某上級学校試験官講評に曰く。本年度地理科答案において受験者の過半数が歐州の歐の字を旺と書けり。原因不明なるも背後に有力な影響力をもつものあることは確かなり。[17]

「受験と学生」は戦後もしばらく続いたが、昭和二八年に廃刊。「考へ方」も戦後も一時続いたがやがて廃刊になる。「受験と学生」の時代から「蛍雪時代」の時代になった。

「蛍雪時代」がもっとも部数を伸ばしたのは昭和四〇年代である。大学進学志望者の高度成長時代であり、しかも今日のように受験雑誌以外のさまざまな受験情報源がなかったからである。しかしその後は受験情報源が多元化したこともあって、受験雑誌は以前のような威力をもたなくなった。受験生が受験雑誌を受験のための唯一の情報源としてためつすがめつ読むという時代ではなくなった。受験雑誌は個人的に購読するというよりも、学校あるいはクラスなどの機関雑誌になりはじめている。

　しかし、明治のおわりあるいは大正のはじめから少なくとも昭和四〇年代まで六〇年以上にもわたって受験雑誌は絶大な影響力をもった。それに関連してこんなエピソードがある。某有名作家が車で新潮社へいく途中に旺文社をみつけた（新潮社と旺文社は近くにある）。そして隣りの席の編集者に「ここが旺文社？　旺文社の建物の床一枚くらいは、おれの受験時代の金だな」といった、というエピソードである。この作家がそうであったように、当時の中年以上の上級学校進学者でこの種の雑誌のお世話にならなかった人はいないはずである。

受験雑誌は日本的現象

さらに受験雑誌をめぐって興味をひくことは、受験雑誌は諸外国にみあたらないことだ。受験雑誌が二〇世紀早々にあらわれたような国は日本以外にはない。むろん入学試験の練習問題や参考書、難易度などの情報を含んだ大学入学案内の類の本はどこの国にもみることができる。イギリスやアメリカの本屋でもこの種の本が集まったコーナーをよくみかける。しかしイギリスにもアメリカにも月刊の受験専門雑誌といったものはない。ただし例外がある。韓国である。

韓国には現在いくつかの大学受験雑誌がある。雑誌名を日本語に訳すと、「勉学」「受験生活」「進学」「大学入試」「大学への道」などである。しかしそのうち四誌は一九七〇年代後半から八〇年代にかけて創刊されたものである。韓国の受験雑誌社編集部の人の話によると、もっとも古いもの（「大学入試」）でも一九六〇〜七〇年にあらわれたにすぎない。韓国における受験雑誌現象はあくまで近年の現象である。一九八八年に創刊され人気のある「勉学」は、創刊時に日本の「蛍雪時代」をかなり参考にしたという。

だとすれば、日本で月刊の受験専門雑誌が二〇世紀早々登場したのは極めて特異な現象とみなければならない。受験雑誌症候群は日本人にとっては単に入学試験ではなく、その準備期間である受験が大きな意味をもっていたことを示す。われわれが着目すべきは、試験の制度史というより受験や受験生の社会史なのである。

そしてさらに重要なことは、こうした受験雑誌こそは受験的生活世界の物語を供給したということである。恋愛小説や青春小説が恋愛や青春の物語を若者に供給したように、受験雑誌が受験生に正しい受験生の物語を提供した。次章では受験雑誌を手掛かりにして、近代日本の受験生の生活世界についてみることにしたい。

第四章　「受験生」という物語

受験生の誕生

前の章では受験という言葉がいつごろどのようにして普及したかについてふれた。まさしく言葉は社会の変動から生まれる。受験という用語は、入学試験競争の激化によって入学試験勉強や学校の選定など入学試験以前のさまざまな準備が重要になったことによって生じた。こうして受験という用語は、明治おわりころからの上級学校進学者たちの生活世界の端的な用語になる。

同時に、そういう新しい用語（受験）によってあらたな生活世界（受験時代）が立ち上がるという面に目くばりをする必要がある。入学試験の準備期間が受験の時代として特有の意味や定義が付与され、区画化された時間にフォーマットされるということだ。その過程は、近代社会のなかで「子供期」や「青年期」という新しい人生段階が発見される過程と似ている。

フランスの社会史家フィリップ・アリエスによれば、ヨーロッパ中世においては子供時代という観念はなかった。か弱い「小さな」大人という観念しかなかった。しかし、やがて学校の誕生や私生活空間の発達にともなって大人とは異なる独自の行動様式と固有の感情をもった存在という近代的子供観が成立した。[1] このようにアリエスはいう。受験についても同じようにいうことができるだろう。入学試験の前の時期が受験生とか受験の時代という独自な時代として意識されるのは、試験とともに古いわけではない。明治三〇年代後半ころからの現象である。これをアリエスの「子供の誕生」にならって「受験生の誕生」ということができる。

ところでさきほど試験の準備期間に特有の意味や定義が付与されるといった。この場合の「意味」や「定義」は「物語」といいかえてもよい。受験という観念の誕生は受験物語を紡ぎだす。青春という観念や恋愛という観念は正しい青春と正しい恋愛についての物語を紡ぐ。それと同じように、受験という観念は正しい受験生とは何かについての物語を紡ぎはじめる。

こうして紡がれた受験物語は、試験を受ける者たちの行動範型（らしさ）を提示する。子供期の発見が子供らしさを、青年期の発見が若者らしさをもたらしたようにである。入学試験を受ける青年についての定義と行為様式のシナリオができあがる。受験物語のシナリオは、日課表をつくって勉強すること、参考書を使って暗記すること、努力すること、快楽を避けることなど、さまざまな行動の範型として提示される。受験生は受験物語によって規制されることになる。この規制作用によって受験的生活世界が誕生するわけである。

小説にみる受験生

では、受験物語とはどのような内容だったのか。大正時代の受験小説『受験生の手記』（久米正雄）をテクストに受験物語を解読しよう。

『受験生の手記』の主人公は第一章で紹介した体験談の受験生と同時代人――数年下――である。『受験生の手記』は大正七年にでている。大正時代は試験地獄という言葉が生まれ、高校入試をはじめとする入学試験が社会問題になったときである。小説は、作者が二、三年下の大学生から聞いた話をもとにしている。したがって『受験生の手記』は第一章でふれた体験談の主人公よりも二、三年あとの明治四〇年代の受験生の姿を描いていることになる。なお著者久米正雄は明治四三年に第一高等学校に入学している。『受験生の手記』のあらすじはつぎのようなものである。

久野健吉は東北の田舎医者の長男。一高受験に失敗する。健吉が受験した第三部（医科）はもっとも難関で、一〇倍以上の競争率だった。翌年は捲土重来を期して、試験六ヵ月前に上京する。東京の姉の家に下宿する。そこで義兄の長兄の娘、澄子に出会う。健吉は彼女に恋慕する。彼女も健吉をにくからずおもっている。やがて弟の健次も受験のために上京して姉の家に住む。弟のほうが勉強時間も多く、数学などもよくできる。健吉は下宿を変える。澄子と健次が親しそうにしているところをみて、猜疑と嫉妬に悩まされる。健吉は「ひよつとすると私は神経衰弱かも知れない」と悩む。それでも健吉は力をふりしぼって勉強する。四日間の高校入試はおわった。合格発表の時がくる。健吉は不合格。健次は合格。健吉は打ちのめされる。健次を訪ねると不在。健次の机の引き出しに澄子からのラブレターを発見する。健吉は試験と恋の両方に敗れる。受験界の破船者の友達とともに、したたかに酔い潰れ、売春街で一晩を過ごす。翌日、上野から故郷にむかう。途中の山形でふらふらと汽車を降り、暗い湖の土手を歩き続け、入水自殺する。

ざっとこんなストーリーなのだが、今の若い世代が『受験生の手記』を読むと、受験に対するあまりにもきまじめな意味付与に奇異な感情さえ抱くかもしれない。

久野健吉は二回目の入試に臨んで、「今年入らなければ生きては帰れない」と考える。また「神経衰弱」という言葉も頻出する。「毎日何となく頭が重くて、根気が続かなかつた。焦れば焦るほど疲れて来て、終ひには頭脳がぼんやりして了《しま》ふ日が多かった。……ひよっとすると私は神経衰弱かも知れない」。また主人公の健吉はこうもいっている。「南日の英文解釈法は、大抵の人が少なくとも五回は読み返すと云ふから、もうそろそろ読み始めなければなるまい。去年はあれを一回、それもやっと読んだだけだった」。久野健吉が読んだ南日というのは第一章でふれた南日恒太郎のことで、難句や構文を解説して当時人気があった英語の参考書である。さらに、健吉と弟健次の会話につぎのようなものがある。

「どうだ勉強は。盛んにやってゐるかい」私は訊ねてみた。
「えゝ。なんだかこの頃は少しだれ気味で困ります。この間から一日十二時間励行の日課を立てたんですが、なかなか時間割り通りに行かないんで、姉さんに笑はれました。精々やって十時間ですね」

一日一二時間といえば、睡眠、食事、入浴などの生理的必要時間以外はすべて勉強に割かねばならない。健次の勉強時間数は奇しくも第二章に紹介した受験体験談の受験生の勉強時間とほぼ同じである。その他の合格体験記をみても判で押したように勉強時間は一一～一二時間である。ここらあたりの勉強時間数の奇妙なほどの一致も受験物語のシナリオの存在を暗示する。

「諸君大いに苦しみ給へ」

つぎに少し長いが、大正時代初期の受験体験記（一高合格者）を抜粋して原文のまま紹介する。受験物語解読のもうひとつのテクストである。

午前四時起床。冷水浴、深呼吸。

冷水浴、之は僕も二三年前からやつてゐるが、非常に効能があつたと思ふ。特に御勧めする。

晴天ならば、四時半から六時まで大抵散歩する事にした。之も実際効能があつたやうに思ふ。朝のフレツシユな空気を吸ふて川のせゝらぎを聞きながら、堤防の上を散歩したり、又は市の東部にある夢香山に登つて未だ明けやらぬ睡れる市街を眺めながら「ハーモニカ」を吹くなど殊に良い。頭がクリーアになるからね。

雨天の時は入湯と極めた。

六時から七時迄は、新聞を読んだり、朝飯を食つたりする。

七時から正午迄は、書斎に籠城してコツコツやる。

正午から一時迄、新聞、昼飯。

一時から二時迄、午睡、之は人によつて違ふが、僕は確かに良いと思ふ。

二時――六時、勉強。

六時――七時、夕飯。

七時――九時、勉強。

九時就床、眠る前には必ず柔軟体操をやることにした。

勉強時間は都合十一時間となる、然し之だけは是非やらなければならない。試験前になつて悔やむからね。

之れ位の勉強で屁古垂《へこた》れるやうなことでは駄目だ、其の代り此時間割を実行して見給へ、試験前になつて無暗に急ぐ必要もなく、余裕綽々たるものだ。復習の時間も十分ある。


……………

　苦は楽の種といふが全くだ。諸君大いに苦しみ給へ、而して諸君忘れ給ふな。其の後には必ず及第といへる無上のプラテ《マ》フケーヒヨ《マ》ンのある事を。[2]

努力とガンバリズムの時間と空間

『受験生の手記』やいま引用した受験体験記から浮かび上がってくる受験物語とはつぎのようなものだ。

受験準備の世界とは努力と勤勉の世界である。苦労しない怠け者は受験生ではない。だから受験滑稽譚にでてくるトリックスターの名前は「怠雄」[3]である。快楽は努力と勤勉の世界を汚すものだから徹底的に排除される。快楽につながるものは「誘惑」として危険視された。受験生は手淫を異常なほど悩んだ。そしてかれらはそれを記憶力の減退や頭が悪くなるという恐怖で苦悩した。しかしそれは、精気を放出することによる気の衰弱への恐怖である。気の衰弱は受験的生活世界を支えるエネルギーの減退である。と同時に、この種の「快楽」は努力と勤勉の受験空間の「反」世界だったからである。その意味で、『受験生の手記』の健吉が絶望してから、売春街にむかうというのはきわめて象徴的な行為である。「快楽」はこの空間にふさわしくない。

しかし受験的生活世界はきわめて脆弱な世界である。努力と勤勉の世界は一方では「誘惑」と「耽溺」に接しており、他方では「倦怠」と「憂鬱」に接している。誘惑と耽溺の行く先が「堕落」であり、倦怠と憂鬱の行く先は「神経衰弱」である。努力と勤勉の受験的世界はたえずポテンシャルを補給しなければ、どちらかの方向に落下する世界である。したがってさきに引用した体験談にもあったように、受験生は冷水摩擦や散歩などを励行した。それは努力と勤勉の勉強空間へのポテンシャル補給（気力の充実）行為であった。

神経衰弱という病

神経衰弱と堕落への落下は勾配が異なっている。神経衰弱への勾配は大きく堕落への勾配は小さい。堕落には自己帰責の罪がともなっているが、神経衰弱は病気であり自己帰責の罪から免責されているからである。努力と勤勉の世界のポテンシャルが下がったときに、堕落よりも神経衰弱への落下が容易である。

　神経衰弱の別名である「脳病」や「神経病」という病気コンセプトは明治二〇年代にかなり使われるようになり、三〇年代に定着した。これらの「病気」は「『気』の衰えによる精力の減退から起こる心身不調」を意味していた。[4] そして学生や官吏、僧侶などの座業をする者が罹患しやすいとされた。

　こうして神経衰弱は受験生の病気に定位された。頭痛、眩暈《めまい》、耳鳴り、熟睡不能、不活発、記憶力・思考力減退などなんでも神経衰弱の症候群とされた。夢精や悲観までもその症候群とされた。

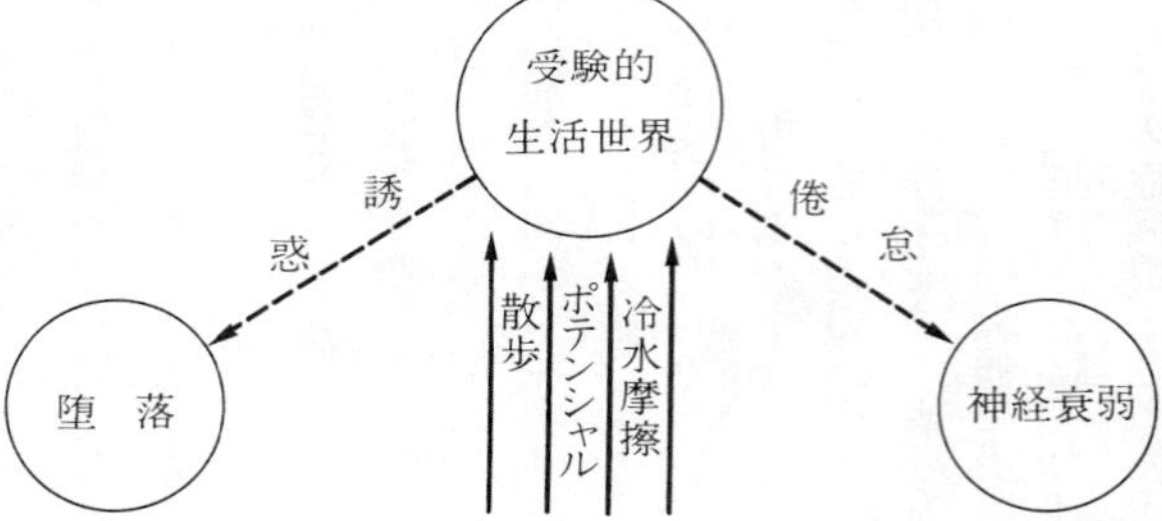

図 4—1　受験生の生活世界

「中学世界」(第二六巻八号、大正一二年) の神経衰弱の治療広告はそのあたりの事情をあますところなく伝える。

神経衰弱頭脳病者に急告!!

近来の様に凡ての事が競争的になつては、身心の疲労、就中《なかんずく》神経系統の過労を来す事は已むを得ぬ現象である。従つて最近神経病者の著しく増加してあたら前途洋々たる青壮年者をして是が為に不幸なる境遇に突落す様な事は実に由々《ゆゆ》敷《しき》大問題である。高等学校の入学試験が百人の定員に対し五倍も六倍もの人と競争せねばならぬ等誰が同情しない者があらう。併《しか》し帰着点は強者生存である。長命せんとせば身体の強健である事を必要とする様に、智的競争に対しては判断力、記憶力等神経系統の強靭なる持主でなければ打勝つ事は出来ぬ。神経衰弱等で年中くよ〳〵言つてゐる様な事では到底一生頭は上らぬものである。要は急速なる頭脳の改造である。一体神経衰弱とは如何なるものかと言ふに、

○記憶力が非常に減退し何等頭に残らぬ。
○根気薄弱となり読書力組織的考察力皆無。
○十分安眠出来ず、よく取りとめもなき夢を見る。
○夢精。夢を見て○○を洩出する。
○頭が麻痺した様に重く不快である。
○些事が気になり、不活発にて決断力著しく減退。
○凡ての事物を悲観的に見、又考へる。

受験雑誌にはさまざまな身体不調が相談されるが、すぐさま「神経衰弱」という診断が下される。たとえば、つぎのようにである。

問　私は少し苦しい事をすると頭がぼんやりします。勉強を休み休み致します。何か根本的療法を教へて下さい。（H・O生）

答　きみは脳神経衰弱にかゝつて居られる様である。大に運動をして身体を強健にしなさい。古語に健全なる頭脳の所有者は健全なる身体の所有者といふことがあります。

神経衰弱は受験的生活世界を持続するエネルギーが低下したときの病気コンセプトであった。『受験生の手記』の主人公健吉も「ひよつとすると私は神経衰弱かも知れない」と悩んでいるように、神経衰弱は入学試験が苛酷化する明治三〇年代以後の学生病だった。

　これに対応して神経衰弱のためのさまざまな治療薬や治療法が驚くほど多くでる。受験雑誌はこの種の薬や治療法などの広告で充満している。「脳丸」「メーゼン氏レゾート」「愉快丸」などなど。多くの薬が広告されている。受験の時代は受験産業とともに神経衰弱という不安産業を随伴した。

　受験生は努力と勤勉の世界のポテンシャルが下がったとき（気の衰弱）に、抑鬱感を神経衰弱という病気によって表出した。しかし神経衰弱は単に抑鬱感を表出しただけではない。退避駅ともなった。神経衰弱という病気コンセプトによって、ひたすらな受験への加熱を抑制することが可能だったからである。神経衰弱にかかった者はあまり勉強しないほうがよい。適度の運動をし、高尚なる絵画を鑑賞し、清い景色をみることが必要である。神経衰弱は、努力と勤勉という受験的生活世界が発見した病気コンセプトである。が同時に、神経衰弱という病気コンセプトは、加熱された受験的生活世界からの冷却や退避駅の役目もはたした。神経衰弱はまさに隠喩としての病だった。

現在はこの時代よりもはるかに多くの大学受験生をかかえながら、神経衰弱に代表されるような受験病といったものは大量現象としてはみられない。そのことは、受験的生活世界からあの努力と勤勉の物語がかなり放逐されたことと無縁ではないはずだ。

受験雑誌はガンバリズムの刺激剤

このようにみてくると、受験雑誌の機能も明らかになる。結論からいえば、月刊の受験雑誌は「頑張らなければならない」という刺激剤だった、というのが私の解釈である。

努力と勤勉の勉強空間を維持させるには、たえず鼓舞激励するものを必要とした。受験生は毎月受験雑誌を読んで、ともすれば倦怠感に陥る受験勉強の刺激剤にしたたはずである。

刺激剤であるからには、できるだけ回数が多くなくてはならない。書物ではなく月刊の定期的刊行物でなくてはならない。このような私の仮説、つまり受験雑誌＝刺激剤説は、多くの受験生の体験談に確認することができる。かれらは異口同音に毎月刊行される受験雑誌によって、ともすれば怠けがちな気持ちが引き締められた、と述べている。

昭和四年の「受験と学生」という受験雑誌に第一高等学校に入学した学生がエッセイを寄稿している。かれは受験雑誌の「効力」をつぎのように書いている。受験雑誌の効力には、出されやすい問題を知ったり、上級学校の先生の答案批評や出題方針の情報もあるが、もっと重要な効力は別のところにある。

私はそれよりも、幾度か敗れ、或は夜も碌《ろく》に眠らずして、苦しい準備を続け、遂に勝利の栄冠を得るに至る幾多の悲壮な受験記、及びその裏にみなぎつてゐる勝利の満足……と言ふ様なものから、強い刺激を受けて、長年月の緊張を保つて行く処に、より多く存するものであると考へます。[6]

まさに受験雑誌は長年の緊張を保っていく刺激であった。受験雑誌の目玉が合格体験記や失敗談だった所以である。

ここで、読者は受験雑誌は自己準拠的な円環を描いていることに気がつくはずである。受験雑誌は努力と勤勉の受験的生活世界の物語を供給したが、受験生はそういう物語を完璧に生きることは困難である。困難であるからこそ刺激を与えつづけた。換言すれば、受験雑誌とは自分で火をつけておいて消火にもあたるマッチポンプのようなものだったことになる。

では受験物語の「陰謀」はすべて受験雑誌によって仕掛けられたのだろうか。受験雑誌仕掛け人説はおもしろいけれども、むろん珍説である。

日本の入試問題と溜め込み型学習

背後の陰謀者は、暗記という大きな努力を要求する日本の入学試験問題にあった。とはいっても昔にさかのぼれば試験問題というのは、どのような社会でも記憶力中心のものである。

試験はどんな場合でも受験者に「預金型」学習を強いる。「預金型」学習とはつぎのようなものだ。知識はすでにパッケージとして存在している。その知識が実際に何を意味するかなどは知る必要がない。従順に入れものを一杯にし、預金を蓄えようとする学習である。ひたすら暗記し、反復する学習モデルが預金型学習である。預金型学習モデルは、なんらかの程度で試験のあるところどの社会にもみられる。[7] 日本の試験だけが特別というわけではないが、日本の入学試験は純粋型に近い預金型（溜め込み型）学習を必要とした。

そこで、受験的生活世界の背後の仕掛け人の姿をみるために、しばらく道草をして、日本の入試問題の特徴をみよう。

外国人は、日本の大学入試問題をみて、あまりに細かな事実を解答させる試験問題の内容に驚く。日本の入学試験問題を「巨大なものしり大会」[8] と命名したアメリカの文化人類学者（トーマス・ローレン）もいる。

このトーマス・ローレンの、日本の教育についての論説にヒントを得ているとおもわれるが、雑誌「エコノミスト」（イギリス）一九九〇年四月二一日号も一九八九年の早稲田大学政経学部の世界史の入試問題を引用しながら、日本の教育について皮肉っている。記事の題名は「太郎はどうして自分で考えることができないのか」（Why can't little Taro think?）というものである。

記事は、あなたが経営管理者だとしたら日本人を雇いたがるだろう、と切りだす。

日本の教育は読み書き能力が十分あり、注意深い人間をつくっているからだ。日本人ほど優秀なアセンブリー・ラインの労働者に適している者はいない。しかし日本の教育は独創力の開発にはまったく不向きだ。

こういう日本の教育についての判定——基礎知識重視と独創力軽視——は、今ではかなり紋切り型批判ではある。しかし、日本の試験は表現力や分析力の試験ではなく、「事実についてのテスト」(tests of fact) だ、という記事の指摘は否定できない。もっとも、平成に入り論述式問題や論文試験がふえているが、細かな知識を問う試験という全体的傾向は否定できない。

イギリスのAレベル試験

「エコノミスト」の記事は日本の試験は表現力や分析力の試験ではなく、「事実についてのテスト」だ、と非難している。非難はいつでもその裏にかくあるべきことを前提にしている。この記事の場合、試験とは表現力や分析力の測定でなければならないということがそれである。

実際、イギリスの大学入試に該当するAレベル (Advanced level) 試験は、日本の大学入試問題と異なってエッセイ方式である。事実についての知識だけでなく「分析力」や「表現力」を測定する試験である。

ただし、イギリスのAレベル試験がエッセイ方式の試験だということで、日本の戦前の作文あるいは今の小論文のように大きな問題を一、二題出題して論述させるというような形式を想像してはならない。

つぎの問題は合同大学入学試験局（Joint Matriculation Board マンチェスター、リバプール、リーズ、シェフィールド、バーミンガム大学が試験委員会に関与している）の社会学のAレベル試験（一九八九年）問題の一部である。この問題は一例にすぎないが、これだけみても工夫された問題であることがわかる。事実としての知識を問うだけでなく、理解力や応用力、展開力が問われている。

Aレベル試験（社会学、抄。数字は配点）

I　社会学的調査にはさまざまなアプローチがある。実証主義はそのひとつであり、左のようなモデルを使用する。

↘ 仮説 ↙

体系的知識　データの蒐集

↗ 理論／一般化 ↖

(a) 右の図をみて、つぎのものを説明して区別せよ。 4

(i) 仮説と (ii) 理論

(b) 実証主義を定義せよ。人間の行動を研究するときの実証的アプローチの前提について簡単に述べよ。 5

(c) ひとつ調査研究を選び、それが右の図にあらわされたモデルにどの程度あてはまるかを論ぜよ。 8

(d) 社会学者が社会の研究に自然科学の手続きを用いるときに生じる問題について概説せよ。 8

また、Aレベルの数学や物理などの試験では、多くの場合は、公式などは問題文中に示されている。日本では公式が問題文に含まれていることは稀である。理科系の問題についてはここに紹介する紙幅がないが、私がイギリスに滞在していたときに、日本の入試経験がある二〇代の物理学者（名古屋大学工学研究科Sさん）にAレベルの数学と物理についての問題をみせて比較してもらった。Sさんのいうところをまとめれば、Aレベル試験の数学や物理の問題の特徴は、日本のようにひねくれた問題ではないこと。したがってAレベル試験では、数学的あるいは物理的センスがあればそれほど努力しなくともよい点がとれる。日本の場合はいくら数学や物理のセンスがあっても、問題練習を沢山こなさないとよい点がとれない、ということだった。

さらに科目にもよるがAレベル試験にはコースワークがともなう。コースワークとは実験や論文など通常の試験では測定できないものの試験である。文科系科目では日本の大学生の卒業論文のようなものも提出する。「一九世紀イギリス〇〇地方の労働者階級の生活状態」といった論文を書くときに、深い文化的教養や知的好奇心が重要になる。

むろんこのことはイギリスの試験が預金型勉強を要しないというのではない。Aレベル試験にも問題集や参考書がある。Aレベル試験の準備期間である第六年級(Sixth form)では、Aレベル試験でよい成績をあげるための練習がおこなわれている。そのかぎり日本の試験だけが預金型勉強を要求するわけではない。イギリスの試験もイギリス人にとっては、それほど理想的とおもわれているわけではない。Ａレベル試験は「分析力」や「表現力」を試験するとしながらも、実はかなりは暗記中心の試験だという批判もある。したがってあまりイギリスのＡレベル試験を理想化すべきではないが、それにしても先に示したようなイギリスと日本の試験問題をくらべてみれば、日本の入試は預金型勉強を要求する程度が極めて大きいとはいえる。

戦前は論述式試験

それはともかく、事実の細かな知識の試験というのが、外国人の日本の入学試験問題についての一般的印象を代表するものである。アメリカの文化人類学者ローレンもイギリスの雑誌「エコノミスト」も、一九九〇年ころの大学入試問題をみてそのような判断をくだしている。しかしかれらが挙げた二つの社会科の入学試験問題のような形式＝客観式は、実は伝統的な日本型試験ではない。戦後アメリカの影響によって定着した試験形式である。戦前は社会科といえども形式は論述式試験だった。では戦前は事実の細かな知識の試験ではなかったのだろうか。

次の囲みに挙げたものは、明治四二年と大正五年の高等学校の歴史の入学試験問題

▲明治四二年
一　安政五年外国条約締約の由来を記せ
二　北米合衆国独立の顚末を記せ
三　(イ)ナポレオン三世　(ロ)平壌　(ハ)清国義和団匪ノ乱　(ニ)ゴア　(ホ)倭寇

▲大正五年
一　支那唐代に於ける東西の交通に就きて記せ
二　英国中央アジアに於ける衝突
三　イタルア統一に就きて記せ
四　日露戦役の原因に就きて記せ
五　(イ)貞永式目　(ロ)伊能忠敬　(ハ)左宗棠　(ニ)モロツコ

高等学校の歴史の入試問題

である。

論述式といっても「ナポレオン三世」とか「貞永式目」のように明らかに歴史的事実の説明でしかないものが少なくない。ではその他のもう少し長い論述を要する問題はどうだろうか。「由来を記せ」とか「就きて記せ」と、問が設定されている。したがって、論述式といっても実際に要求されているのは、歴史的事実についての知識だったことがわかる。

この歴史の問題をさきほど示したイギリスのAレベル試験とくらべるのは時代が異なっているからフェアではないが、問題の質問の形式がかなり異なっていることがわかり、かえって戦前の日本の入学試験問題の特質が明らかになるだろう。

Ａレベル試験の場合、知識の応用や展開する力が試されているが、旧制高等学校の問題は分析力や表現力をみるものでないことは明らかである。いくら論述式問題が出されても、応用力や展開力、分析力が試されたのではなく、事実としての知識が問われていることを確認すれば、社会科や理科などの科目が暗記ものと呼ばれたことがわかるはずである。戦前と戦後では試験の形式が異なっているが、もっぱら事実としての知識の試験だったという点ではなにも変わっていないのである。

「英語は実力」の本当の意味

社会科や理科を暗記ものというなら英語も本質的には暗記もの科目だった。英語は単語や構文を知らなければ手も足もでないような試験だったからである。にもかかわらず英語が暗記科目といわれなかったのは、英語は短期間の詰め込みがきかなかったからにすぎない。英語は実力だといわれたのは、英語は暗記科目ではない、ということではない。日頃から勉強（暗記）しておかなければならないということだったのである。

そのことはどのように英語が勉強されたかをみることによってわかる。体験談は英語の勉強法をつぎのようにいう。

英語はお伽話、冒険談、読本などを沢山読むのがよい。途中で知らない単語や熟語がでてきたら赤鉛筆でアンダーラインをひいておくこと。あとでこれらの単語を手帳に書いて辞書の訳を添える。それを散歩のときなどに暗記する。これを一度くらいやっても駄目で何度も何度もやらなければならない。人間は忘れるものだが、この方法を「倦《う》まずに、毎日々々」やらなければならない。[9]

英語は暗記ものとはいわれなかったが、それは一夜漬がきかなかったからであって実態は暗記科目だった。英語の試験といっても第一章で紹介したように短文の試験で、クイズのようなものであった。no more than という構文がわからなければ、訳しようがないような試験だった。このような問題を解くには、ひたすら単語や難句を暗記する以外ない。また問題文はひとつかふたつの文章だから、前後関係によって推測するということも不可能に近かった。単語や難句、構文を知っているかどうかが決め手になるような試験だった。背景の文化的素養といったことはほとんど必要としない試験だった。

しかも日本の場合は、試験以前に学習といえば理念型に近い預金型学習観が支配した。おそらくその源流は儒教文化圏における学習観にあるだろう。論語においては

「学びて思わざれば則ち罔《くら》し。思いて学ばざれば則ち殆《あやう》し」と、「学び」と同時に「思索」が強調されている。しかし、「子曰く、吾れ嘗《かつ》て終日食らわず、終夜寝《い》ねず、以て思う。益なし。学ぶに如かざるなり」であり、強調点は思索ではなく不断の学習におかれている。学習は「既存の思想の習得」である。したがってリジッドな預金的学習の源を探っていけば儒教的学習観にいきつくはずだが、そこまでの探索は犯人探しというより遠因になってしまう。したがってここでの犯人探しはあくまで日本の入学試験問題の特質においておこう。

作文は決意表明を要求

そうはいっても、日本の試験も作文のように、事実としての知識を試験する以外に自己の見解を論述させる場合もある。しかし事実としての知識以外のものを問うとなると、知識の応用ではなく、心掛けや決意を問う「人物」試験あるいはイデオロギー検査になってしまうのが戦前の入試の特徴だった。

大正初期の高等専門学校の作文問題はつぎのようなものである。

□国憲及ビ国法トハ何ゾ（神商）

□自己の近況を旧師に報ずる文（長商）
□学生時代と体力の養成（山商）
□健全なる精神は健全なる身体に宿る（小商）
□工業家の自覚（名工）
□父の問に答へて工業に志せる理由を陳《の》ぶる文（米工）

そこでは受験者の「作文力量」が検査されただけではない。「胸中の秘奥をも吐露せしめて、人物試験をも兼ね行はうとするに在る」[11]のだった。専門学校入学資格検定試験における「修身」あるいは軍国主義時代の「国史」や「口述試問」は、心構えやイデオロギーの検査であった。昭和一五年には最近の入学試験の傾向と対策がつぎのように書かれている。「国体の本義に立脚し日本精神に覚醒した真面目な学生を高等専門学校は要望してゐるのであるから特に御注意を願ひたい」[12]。そして決意表明の模範的な書き方が示された『国体の本義精講』（保坂弘司、歐文社、昭和一四年）という参考書が出されている。

試験は事実の知識か決意表明かのどちらかになりがちだった。だが決意表明型試験は特定の時代（軍国主義時代）の特定の科目（作文や国史）に多くみられるもので、主流はやはり知識暗記型であった。

記臆妙剤壮士丸

したがって、試験ははやくから非常に強く暗記力と関係づけて考えられた。第二章でふれた『試験及第法』（明治二二年）が興味深いのは、門地家柄ではなくこれからは才能の時代になったといい、そのあとに長々と書いていることである。これからは試験の時代になったから記憶力を高めなければならないというわけで、頁数にして八九％がどうやって記憶力をよくするかというハウツーにあてられている。そして丁寧にも巻末には次のような薬の紹介がある。記憶力をよくする薬である。

●薬法

一方名（記臆妙剤壮士丸）

一壱剤の量

一鹼酸《ゑんさんき》規尼涅《にーね》　〇・二

一康桂皮末　〇・二

一甘草木《かんざうぼく》　一・三

一還元鉄《くわんげんてつ》　〇・二
一橙皮末《たうひまつ》　〇・二

「記臆妙剤壮士丸」と名前がつけられて、その調合が書いてある。塩酸キニーネとか甘草木といったものを一定の割合で混ぜて毎日飲むと記憶力がよくなる、と。また乳児には母親が一日三回清水《せいすい》にて服用するのがよいとも指示されている。本当にそれを飲んで効くのかどうか知らないけれども、とにかく試験の時代が記憶力の時代として強く意識されたことが面白い。

第二次世界大戦時の日本の最高指導者であった東條英機にもこんな有名なエピソードがある。かれの勉強法に純粋型に近い溜め込み型学習をみることができる。

東條は、幼年学校当時は必ずしも勉強が得意ではなかった。が、あるとき「勉強とは記憶なり」と悟り、習ったところを徹底的に暗記した。すると成績が上がった。そのときから東條は、努力とは暗記なりを信条にした。東條は明治一七年に生まれており、一九歳、明治三五年に中央幼年学校に入学した。入学当初は上の下の成績だったが、卒業時には一〇番だった。「努力とは暗記なり」の信条が実ったわけである。明治三八年、陸軍士官学校を卒業し、明治四五年に陸軍大学校に入学している。陸軍大学校に入学するためのかれの受験勉強ぶりは、たとえばつぎのようなものであった。

英機はいちど目標を決めると、一途なまでにそれを守った。受験勉強の日程をつくり、それに忠実に従った。個々の受験科目にどれだけの時間を割くか、どの程度まで記憶するか、そのうえで一日に学習すべき時間を算出し、年間の総学習時間を計算する。それを一センチ四方の方眼紙に克明に書きこみ、一日に消化しなければならぬ時間と実際に消化した時間を書きこんでいく。[13]

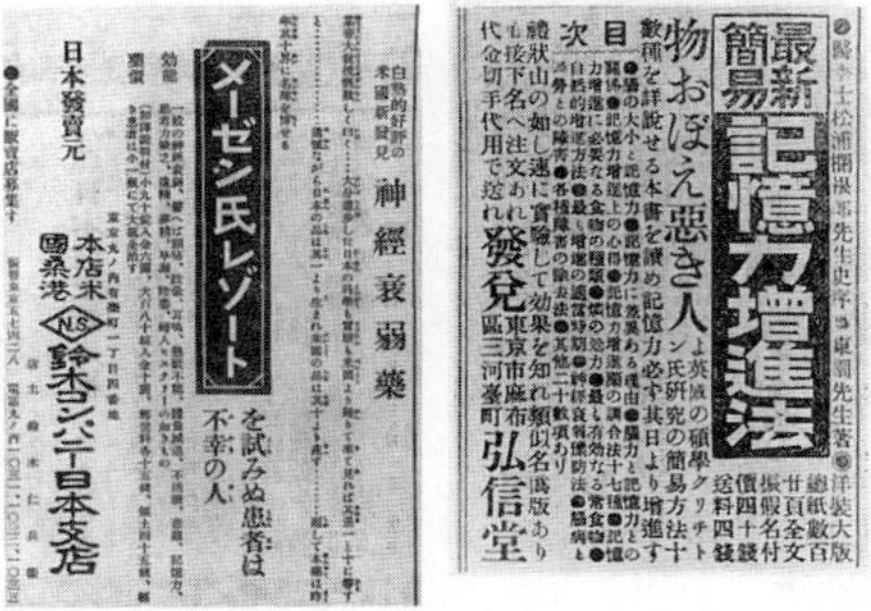

大正 11 年頃,「記憶力増進法」「神経衰弱薬」の広告

ここに、理念型に近い溜め込み型学習者像をみることができる。しかしかれは決して例外ではなかった。かれが例外だとしたら、溜め込み型学習をかくも忠実に実行したということでしかない。

大正時代の受験生の間で「平らげる」という言葉が流行った。参考書を読了してしまうことを平らげるといったのである。「平らげる」とは全部食べ尽くしてしまうということだから、まことに言い得て妙である。「平らげる」という表現は、身体化された溜め込み型学習の表現であるからだ。同じように、受験生の間にはこんな話がよく伝えられた。試験場には静かに入って、静かに座る。しかしせっかく静かに座席に座っても後ろから突然肩を叩かれたりしないように注意すべきである。一杯つまった知識の断片が飛びでてしまう。試験場に溢れんばかりのコップを運んでいくような比喩が使われたのである。

試験の時代とは記憶力の時代であった。受験生にとっての努力と勤勉の内容は暗記だった。まことに「努力とは暗記なり」であった。受験雑誌には、いかにして記憶力を鍛練するかの記事がしばしば掲載されたし、記憶力をよくする薬や器具の広告も多かった。「記憶増進丸」とか「胃腸蠕動器」とかがこれである。後者はヘアバンドみたいなものであるが、神経と血行をよくし記憶力を増進すると書かれてある。

また記憶術の本も多い。なかには従来の記憶術の本は記憶術を記憶する煩わしさがあったが、本書は心理学によりながら天賦の記憶力にもとづくようにしてあるからそのような煩わしさがないという、手の込んだ広告をしているのもある。受験産業と不安（神経衰弱）産業と記憶力産業はまさにトロイカであった。

『セルフ・ヘルプ』が読まれたわけ

このように日本の受験勉強をみてくると、サミュエル・スマイルズの『セルフ・ヘルプ』やその翻訳『西国立志編』が戦前の日本社会でロングセラーであり続けた「謎」のかなりの部分が読み解ける。日本では『西国立志編』は少なくとも大正時代の終わりまでベストセラーであったが、これを謎というのは、一般に努力や勤勉、忍耐、倹約などの『セルフ・ヘルプ』的な倫理は二〇世紀の組織の時代には衰退していくからである。

『セルフ・ヘルプ』は「天は自ら助くる者を助く」という言葉ではじまり、「人は自己の身をもって第一の幇手《ほうしゅ》となすべし」と、徹底した自力主義を唱える。幸運さえも、決してふって湧いたように生じるのではない。風や波はすぐれた航海人についてまわるのと同じように、幸運はもっとも勤勉な人についてくる、という。このような倫理は初期資本主義時代に適合的である。初期資本主義時代は個人的達成の時代であるからだ。

しかし大企業に代表されるような組織化された資本主義の時代には、対人関係が重要になる。自助（セルフ・ヘルプ）よりも他人に好感をもたれるパーソナリティ市場の時代になる。したがって諸外国では二〇世紀になると『セルフ・ヘルプ』はもう時代に合わなくて読まれなくなった。にもかかわらず、日本ではかなりながい間『セルフ・ヘルプ』が読まれた。これはやはり不思議な現象である。『セルフ・ヘルプ』は会社員や官吏などの組織人にリアリティはなくとも、刻苦勉励が重要な受験的生活世界と関連して『セルフ・ヘルプ』がリアリティをもった、とみれば少しも不思議ではなくなる。

『セルフ・ヘルプ』は英文和訳の参考書（対訳書）になっており、さまざまな出版社から発行されていた。この本の大正時代以後の読者たちのかなりは受験生だった。努力と勤勉、忍耐の受験的生活世界の物語に生きた受験生には『セルフ・ヘルプ』は古びた倫理ではなく極めてリアルな倫理だったからである。

学歴エリートと民衆の通奏低音

こういう刻苦勉励の受験的生活空間の物語のありかたに、民衆が学歴によって立身出世した人を自分たちの代表選手のようにおもった背後要因がある。戦前の学歴エリートは教養知などによる文化的威信あるいは専門技術という合理的知識によって民衆に超越しただけではない。学校へ行かずにさまざまな職業についている民衆にも、

「人間努力が大切」というような形で、人生の教訓や模範になりえた。刻苦勉励の証としても価値があった。努力と勤勉は近代日本の民衆の中核的エートス（生活倫理）であったからである。

大正一五年の官立高等学校第一班の和文英訳問題はつぎのようなものだった。「彼が立派に難関を切り抜けたのは天才や境遇に依るのではなくて全く彼の努力と勤勉のお陰である」。これこそ受験的生活世界と民衆の道徳世界との通奏低音であった。

そういえば、私が子供のころ、郷里では本間雅晴中将に関するつぎのような伝説がよく聞かれたものである。本間雅晴は明治二〇年、佐渡島に生まれた。かれが佐渡中学生の時代、通学途上で英語辞書を読みながら単語を暗記し、暗記した頁を食べていったというエピソードである。こういうエピソードそのものはどこにでもあるが、郷里からでて偉い将軍になった人の話として語られるところに意味があった。教訓の相手は受験生だけに限られなかった。どんな領域でも人間努力をすればエラくなれるという汎用性のある教訓で語られていた。

受験の〝物語〟と〝現実〟のずれ

しかし、ここであらためて問うてみたいことがある。本当に近代日本の受験生が受験物語をそのまま生きたのかどうか、ということである。いい換えれば、受験生の誰もかもが合格体験談に書かれてあるように努力家であったのだろうか。そういう疑問が湧く。疑問は私がさきほど自分の子供時代を思い出したことをきっかけとして、私自身の受験時代を振り返ることによってである。しばらくは私事を語ることになるが、お許しいただきたい。

私の受験時代は昭和三四年ころだった。むろん戦後である。しかし私のみるところでは受験的生活世界に関しては昭和四〇年代まではほとんど戦前と同じだった。学校制度の大幅な変更や、入試問題に客観方式が取り入れられるというような、制度上の大きな変化はあったが、受験的生活世界そのものに関しては戦前と戦後の大きな断絶はなかった。受験体験談は戦前と同じく努力と勤勉が主調音であった。そのことが受験的生活世界の戦前と戦後のある時期までの連続性をなによりも証明している。

それだけではない。参考書もほとんど戦前の人気参考書が使われていた。英語の山崎貞、小野圭次郎、国漢の塚本哲三、数学の岩切晴二などの参考書は、戦前出されたものだが、戦後の昭和三〇年代もあいかわらず受験参考書のベストセラーであり続けた。したがって私の受験時代の思い出は戦前の受験物語を解読するヒントになるのではないか。そうおもって、私事を思い切って披瀝する。

当時、私の高校の担任はK先生だった。三年生の夏休みをむかえる直前のことだった。先生が私を呼んでいった。「竹内、おめんとこあっついじゃねえかっちゃ」。私の家は町の中にあり、先生の家は周囲が田畑に囲まれた所にあったからである。「おれんとこの部屋貸してやるし、くるか」といってくれた。こんなわけで私は夏休みを先生の家の応接間で受験勉強することになった。それから十数年たった。あるとき先生が私の妻につぎのようにいったそうである。「竹内、根性あったちゃの。夏休み最後までおれんとこにきて勉強しとったもんの」。もちろんこれは先生がお世辞をいってくれたのだが、先生のいったとおりなら私も努力と根性の世界を生きたことになる。しかしこの話を妻から聞いたときに私は恥ずかしい気持ちで一杯だった。先生に謝りたい気分にもなった。というのはひと夏を先生の家に通い詰めることができたのは異なった理由があったからである。

先生の家の応接間にはガラス戸がついた大きな本棚があった。そこには当時の田舎ではなかなか手にはいらない新刊書が沢山おかれてあった。新刊書が読めるということが私が夏休みに先生のところに通うかなりの誘因になっていた。新刊間もない大江健三郎の『われらの時代』を読んだのも先生の家の応接間だった。もっとも私も先生の家の応接間で小説だけを読んでいたわけではないから、そのかぎりひと夏を先生の家の応接間で受験勉強したということもウソではない。ウソではないが、ひたすらまじめに受験勉強したかといえば、多分に疑問である。

今になってかなり恥ずかしい私事をここにあえて書いたのは、戦前の受験体験談に書かれてあるように、受験生は本当に努力家だったかどうかは疑わしい、ということをいいたかったからである。

もちろん世の中には私とは異なった人はいくらもいるではあろう。しかし理念型に近い受験的生活世界を生きた人は、やはり極めて少数だったのではなかろうか。実際、第二章でふれた体験談の受験生も日課表を書きながらも、「この様にしてはいつたが嫌になる事は始終あつた」と添えている。またこの章に引用した合格記の一高生も「実は予定通りに進まなかつた」と書き添えている。この種の書き添えは大きなスペースをとってはいないが、こだわるべきだろう。

また受験雑誌の漫画にはかなり怠惰な学生がいつも描かれている。合格体験記自体、実は自分が成したことよりも、自分がしたいと思ったこと、他人からそう思ってほしいことが書かれてあるわけだから。このようなことは、努力と勤勉の受験的生活が物語であって、現実はそのような物語とはかなり距離があったのではないかと予想させるに十分である。

受験雑誌の最大の機能

そこで、こういう解釈が成り立つ。受験的生活世界の努力と勤勉の物語は行為の評定尺度である。受験勉強をしている間は、あらゆる行為に物語からの逸脱つまり怠慢の症候が発見される。そして逸脱は神経衰弱によって測定されかつ免罪される。神経衰弱がやたら発見された所以である。しかし受験的生活世界がおわってしまうと、あらゆる行為に努力の症候が探索され、努力と勤勉の物語を生きたことが確証される。努力や勤勉も客観的な量として存在するのではない。社会的に構成されるのである。

また受験物語のリアリティの維持に物語のヒーローが探索された。それは困難ではない。私のひと夏の経験が努力の神話のなかで美化された（？）ように。こうして受験物語は再生産された。

と、ここまで読みをすすめてくると、受験雑誌は異なった姿を開示しはじめる。受験雑誌は努力と勤勉の物語を提示したり、物語にそって生きることを鼓舞激励しただけではない。受験雑誌を読むことあるいは買うという行為そのものが、ある特別な意味をもっていた。青春を生きるということがしばしば青春小説や青春映画をみることによってリアリティが確保されたように、受験雑誌の購読そのものが受験的生活世界を生きていることの確証になったのではなかろうか。

物語を生きるということは必ずしも物語にそった現実の行為を要しない。物語そのものに不断に接することで可能なのである。受験雑誌の隠れた最大の機能はここにあった。そういえば、私の高校時代にも受験雑誌の情報にやけに詳しい受験情報マニアがいた。かれは、受験雑誌のそのような機能の最大の遂行者＝受益者だったわけである。

第五章　苦学と講義録の世界

学校の隠れたカリキュラム

第二章で、勉強立身価値は明治初期においてはまだ民衆のものではなかった、といった。明治以後の勉強立身は学歴／上昇移動である。したがって勉強立身価値は、「階層」移動だけでなく上京という「地理的」移動を含むセンスである。いずれの移動センスも、村の生活つまり非移動性を自明化してきた民衆にとっては縁遠いものだった。移動＝動員は近代的生活世界の新奇な特質[1]だからである。

これらの「新奇な特質」（移動性のセンス）に準備性があったのは士族だった。戦場での功名や、下剋上、参勤交代、転封がこれである。だから、学制が施行されても小学校の生徒のかなりは士族の子弟によって占められていた。民衆のセンスが「伝統的」（非移動性）センスから「モダンな」（移動性）センスに変換されるには媒体と時間が必要だった。その媒体は就学による「隠れたカリキュラム」に求められる。

「隠れたカリキュラム」とは、目に見え明確に意図されている「公式」のカリキュラムと区別して使われる。学校や教師が表だって語らないが暗黙裡に伝達されてしまう価値の体系が隠れたカリキュラムである。非移動性を自明化していた民衆にとって個々の教授や教材にみられる公式のカリキュラムではなく、スクーリング（就学）それ自体が伝達してしまうメッセージ（隠れたカリキュラム）が極めて重要であった。

マーシャル・マクルーハンは、かつてつぎのように述べた。ラジオはニュースの内容がなんであれ、言明を過激（ホット）にする。それに対しテレビは言明の内容がなんであれ、鎮静（クール）してしまう。宇宙人が攻めてくるというドラマが真実だと誤解されることは、ラジオにおいてはありえてもテレビではありえない。したがって、メディアそれ自体が言明なのだ。[2]

マクルーハンの顰《ひそ》みに倣っていえば、学校というメディアはそれ自体がメッセージである。民衆にとっての学校の隠れたカリキュラムは階層移動と地理的移動のセンスの伝達と動員化だった。したがってスクーリング（就学）そのものが勉強立身価値への包絡と等価である。しかも学校における成績主義は、門地や家柄によるのではない能力主義にもとづく競争のイデオロギーを伝達する。さらに近代的な学校建築や教材にあらわれた欧風文化＝都市文化は都市への憧憬を伝達する。こうしてスクーリングは民衆の価値体系の変換を呼び起こす。階層的かつ地理的移動へのセンスの変換がこれである。

むろん学校化によって民衆が一挙に勉強立身の価値にとり込まれるわけではない。明治一〇年代の就学率の停滞は、学校の隠れたカリキュラムと民衆の生活世界とのミスマッチを示している。しかし、漸次、確実に勉強立身価値は民衆に定着していく。

勉強立身の空転と苦学ブーム

小学校就学率が急速に増加しはじめるのは明治二〇年代後半からである。明治三〇年には男子の就学率が八一％になる。義務教育ではない高等小学校の入学者・卒業者が急増するのは明治三〇年ころからである。明治二八年から三八年の一〇年間に高等小学校卒業者は年平均一万人ずつもふえる。この間に高等小学校卒業生で、中学校あるいはその他の中等学校に進学しない者が急激に増加していく。明治末期から大正初期にかけて、尋常小学校卒業者の五人に一人か二人が高等小学校に進学した。しかし、高等小学校卒業者の八割から九割が上級学校に進学しなかったのである[3]。勉強立身の空転がはじまる。こういう空転を「高等小学校現象」と呼ぶことができる。

明治三六年の「成功」（第一巻四号）という雑誌の相談欄（「記者と読者」）に、こんな投書がのせられている。

小学校時代の友人が進学していくのをみて羨望に耐えず自暴自棄になっていく。家は貧しく母を養わなければならない。中等学校に進学したいが、資金も時間もない。「願はくば教訓を垂れ給へ」。学校化によって勉強立身の「目標」を内面化させられながら上級学校進学のための「手段」を欠いたブロッキング状態による鬱屈である。学校化による野心の加熱の罠にはまった悲劇である。これが明治三〇年代の状況である。

働いて学資を得て学問する「苦学」や中学校講義録などの通信教育による「独学」ブームは、こうした勉強立身価値の行き場のないエネルギー＝高等小学校現象の噴出だった。苦学は、明治三〇年代からブームになった。「日本力行会」という、苦学生に職業を紹介し援助する組織が設立されたのは明治三〇年のことである。明治末までの会員は一万五〇〇〇人ともいわれている。

苦学生のための雑誌――雑誌というより新聞に近いものだが――「苦学界」も明治三三年にでている。その二年あと明治三五年にはさきほどの「成功」という雑誌も刊行される。「成功」は大正はじめ（大正四年）まで続き、人気があった雑誌[4]である。「成功」は夏目漱石の小説『門』にもでてくる。宗助が歯医者の待合室に置いてある「成巧《ママ》」を手にとってみるシーンがある。もちろん、宗助のように大学を中退して社会をオリてしまっている者には「成功」はあまりにかけ離れた雑誌である。したがって宗助はつぎのように皮肉ってすぐに読むのを止めてしまう。

それから『成巧《ママ》』と云う雑誌を取り上げた。その初めに、成巧《ママ》の秘訣という様なものが箇条書にしてあったうちに、何でも猛進しなくっては不可《いけ》ないと云う一カ条と、ただ猛進しても不可ない、立派な根底の上に立って、猛進しなくってはならないと云う一カ条を読んで、それなり雑誌を伏せた。

「成功」は宗助のような人には疎遠な雑誌だったが、野心を加熱されながらも正統な学歴コースに乗れない者にはまたとない雑誌だった。苦労人のための雑誌だった。「成功」も苦学ブームに対応した雑誌だった。「成功」は発刊の辞で、苦学生の同情者となり、かれらの精神に激励をあたえることがその目的の一つである、と宣言している。「成功」の読者層が苦学生あるいはその予備軍であったことは、この雑誌の常設欄である読者からの相談欄をみても容易に読み取れる。たとえば、つぎのような調子である。

僕は家貧にして数年前北陸の一寒村より笈を負ふて東都に来り工業に苦辛し目下官立工場に職工たり然も忍耐勉強は僕の本領とするところなり先般より貴社発行の成功は実に僕が良友にして更に吾れをして将来の安楽を得せしむる好雑誌と思ひ愛読し居るなり僕後日成功せば大に貴社に酬ゐむとす幸に此端書を記憶せられたし。[6]

「成功」や「苦学界」などの雑誌は、苦学ブームによって生まれたと同時に苦学ブームに拍車をかけた。

ところで、今のわれわれにとって興味深いのは、堺利彦や西川光二郎などの明治の社会主義者が初期の「苦学界」や「成功」の寄稿者であったことである。平民社結成(明治三六年)までの社会主義者は、貧困と不平等の解決を教育機会の拡大に期待していたからである。立身出世や成功はマイナス・シンボルではなかった。しかしこの蜜月は長くは続かなかった。社会主義者は現在の制度を前提にしての立身出世や成功の機会の拡大はありえないという立場にたった。明治三七年一〇月一六日「平民新聞」における「大金儲の秘密」は、社会主義者の立身出世や成功についての路線転換を象徴している論説である。「金儲けの秘訣」とか「青年立志の亀鑑」といった類のハウツー本がでまわっているが、そんな本がいうような努力や忍耐による成功はウソで、現実には大店《おおだな》のひとり娘の婿になるというような幸運によって得られるものだ、と茶化されている。

苦学の変質と便乗悪徳産業

話を苦学に戻そう。明治三〇年以前にも苦学は少なくはなかった。にもかかわらず、何故明治三〇年ころから苦学ということがさかんにいわれるようになったのだろうか。単に明治三〇年以後、苦学が大量化したということにとどまらない。明治三〇年以前と以後には苦学の質的転換があったからである。

明治二〇年代までの学歴／上昇移動センスは、士族や比較的富裕な階層の子弟に限定されていた。富裕な階層であれば苦学はありえない。また富裕でなくても士族の子弟たちは、藩の寮や奨学金、東京で成功している親戚や知人などの人的ネットワークを利用できた。[7] したがって三〇年以前の苦学は、三〇年以後の苦学とは意味が異なっていた。三〇年以前の苦学はさまざまなネットワークに庇護されていた。「庇護型」苦学である。

明治三〇年代に士族以外の貧しい階層に上京遊学熱がひろがる。ネットワークなしの上京苦学が大量現象として生じる。つまりこの間に苦学の大量現象化という量的変化と、「庇護型」苦学から「裸一貫型」苦学への質的変化があった。三〇年代以後の『苦学の友』『自立自活　東京苦学案内』『実験東京苦学遊学手続』『苦学奮闘録』『苦学の伴侶』などのさまざまな苦学ハウツー本は、まさに東京に人的ネットワークがない「裸一貫型」（自立自活）苦学に対応したものである。

こういう苦学ブームに対応して悪徳産業も繁盛した。「青年立志社」などというそれらしい会社をつくり、苦学生募集を広告し、入会金や保証金を巻き上げる。不潔な狭い部屋に雑居させて寄宿料をとる。人夫などの苛酷な労働に紹介してピンハネする。あるいは怪しげなモグリ学校をでっちあげて、月謝を巻き上げる。看板や広告には何何塾とか何何学舎とかあり、教師は〇〇博士や学士と麗々しい。しかし広告に書いてある教師は、ほとんどあらわれない。授業をやるのはゴロツキ書生あがりという按配。

新聞配達と人力車夫

やや時代が下って大正七、八年くらいで新聞配達と人力車夫の苦学生活を詳しくみよう。新聞配達は朝の四時からはじまった。受け持ちは二〇〇軒。六時ころに配達がおわる。その後、正午まで睡眠。午後は集金と勧誘。したがって、昼の学校に通うのは不可能。収入は一ヵ月一一円。配達人は通常、販売店に住み込みだから住居代はいらない。しかし弁当代が七円。布団代や銭湯、散髪が二円から三円。あと暑いときに氷水やラムネ、たまには大福餅などを食べたりすれば、お金は残らない[8]。

苦学生の人力車夫のほうは夜一一時ころから二時、三時ころまで働く。電車のなくなったときが稼ぎ時である。電車のあるときは需要が少ないから、苦学生車夫のような未熟な者は客を得るのが難しい。収入は平均すると二二、三円から二八、九円。かなりいい収入にみえる。しかしここから車の借り賃（六円）を払わなければならない。それに、草鞋や足袋などの雑費もいる。だから稼ぎの多いときでも正味の手取りは月二〇円[9]。

昭和初期の苦学生（新聞配達）の平均的な生活時間はつぎのようなものだった。

午前四時―六時　　起床配達
午前六時―午後一時　　睡眠
午後一時―午後四時　　勧誘
午後四時―午後六時　　配達、夕食
午後六時―午後九時　　学校

午後九時—午前四時　勉強

（「東都独学苦学案内」「受験と学生」第一五巻一二号、昭和七年、五四頁）

この生活時間だけをみれば、睡眠時間は七時間で勉強時間は学校を入れて一〇時間もある。苦学もそれほど苦しみではないようにみえる。しかし苦学の内実はそう生易しいものではなかった。

苦学サバイバル率は一〇〇人に一人

苦学体験記はいう。幼少から苦労にはなれていたが、新聞配達ほどつらいものはなかった。「夕刊の折り、時計屋の飾窓に写つた自分の法被姿を見た時、これが本当の自己であるかどうかを疑つた。思はず涙が出た」[10]。配達人の部屋は屋根裏部屋で、天井は丸木のまま。日光の入る透き間もない。人間の住むところではない。食事は玄米に薄い味噌汁。勧誘は苦学生のような田舎者にはとくに困難。苦労の種である。集金も一回では済まず何回もいかねばならない。現実には前記の生活時間のようにスムーズに事は運ばない。

人力車夫も中学生くらいの年齢の労働としては過激すぎ、学校では睡魔におそわれる。悪くすれば病気になってしまう。しかも前記のような生活時間はいっさいの娯楽を排し、病気もしないという前提にたったものである。頑健な身体と禁欲的生活を前提にしてのものである。

現実には苦学は、病気や堕落への道であった。本章のはじめにふれた日本力行会の会長は、多くの苦学生に職業を斡旋した経験から苦学は一〇〇人に一人しかその初志を貫徹しない、とまでいいきっている。日本力行会自体が日本では苦学は困難とみて、苦学生を海外へ派遣することに目的を変化させた[11]。このことがなによりも苦学の困難さを示している。

昭和六年に苦学生の末路を書いたものがある。苦学残酷物語を具体的にみることができる。この記事によれば新聞配達の苦学をはじめたのが一三〇人。そのうちとにかく学校に通ったり受験準備中の者は六人だけである。店の金を使いこんだり、友達の金を持ち逃げしたりした者が四三人もいる。帰郷者も一三人。病死や病気が四人[12]。苦学サバイバル率は四・六％にしかすぎない。

苦学は体力と禁欲的精神さらに幸運が重ならなければ成就しないまことにか細い道だった。苦学生には過労による病気の他に都会生活の誘惑もまっていた。苦学生の不良化や堕落は極めて多かった。では苦学生はどんな経路で不良化したり堕落していったのだろうか。

堕落経路

苦学の失敗談は受験雑誌などにも掲載されている。しかし病気や過労による失敗が書かれてあるだけである。不良化や堕落の道筋を示す体験談はみつからない。これは当然だろう。大きく逸脱した苦学生がどのようにしてそうなったかを雑誌などに寄稿するはずはないのだから。そこで体験記は諦めて記事をみることにする。幸い（？）にも大正七年の「中学世界」に苦学生堕落経路の漫画[13]がある。ストーリーはこうである。

牛山嶁郎は村を出る。停車場に向かう途中で峠にたつ。我桂の冠を被り錦の衣をまとって故郷にかえる、と誓う。上野につき先輩の家に世話になる。五、六日たってから鉄工場の職工募集に応じる。日給三五銭の見習工になる。夜は工手学校に通うことになった。こうして苦学生のスタートがきられた。ある日夜学の帰り、おでん屋の匂いに我慢できず、何皿も手をだしてしまう。この過食が原因で下痢になる。工場も学校も休まなければならなくなった。牛山君は旨いものを求める胃袋が邪魔と考えて腹の中を破ってしまおうとする。ここらあたりが漫画の所以であるが、先を続けよう。

しかし牛山君は胃袋はともかく人相骨格は多少の自信がある。そこで易者に人相判断をしてもらう。卦《け》は大吉。一歩一歩すすめば成就すると出た。そこで牛山君、やや意をとり戻す。再び努力の人となる。とはいっても労働と勉強は両立しがたい。居眠りしながらも毎夜学校に通う。居眠りはしているが、とにかく毎夜学校に通ってくる姿を夜学の先生が認めることになり、成金の金山家の玄関番に世話される。

金山家の玄関番になってからは、学校の定規やコンパスを使っての勉強がばかばかしくなってくる。それに金山家運転手の與多野から遊びも教えられる。嬌声弦歌の世界に足を踏み込む。夜学に通うかわりに別の「夜学」に通うことになってしまった。費用は最初は與多野から融通してもらっていた。そのうち、金山からもらった服も時計も売って遊興費にあてる始末。残ったのは故郷を出るときにもらった母が手織の一着だけ。やがて金山家からも追い出された。悪性の病と脚気で故郷に帰る以外なくなった。題して、「ボロを着て帰郷するまで」。

これは漫画に描かれた挫折と堕落のストーリーだが、苦学はさまざまな都市浮浪者や失意の帰郷者を生んだ。

大正二年のある本は、学生堕落のきっかけ要因につぎのようなものを挙げている（『東京遊学成功法』中村柳葉編、東盛堂書店、一二〇～一二三頁）。娼妓、芸妓、寄席、

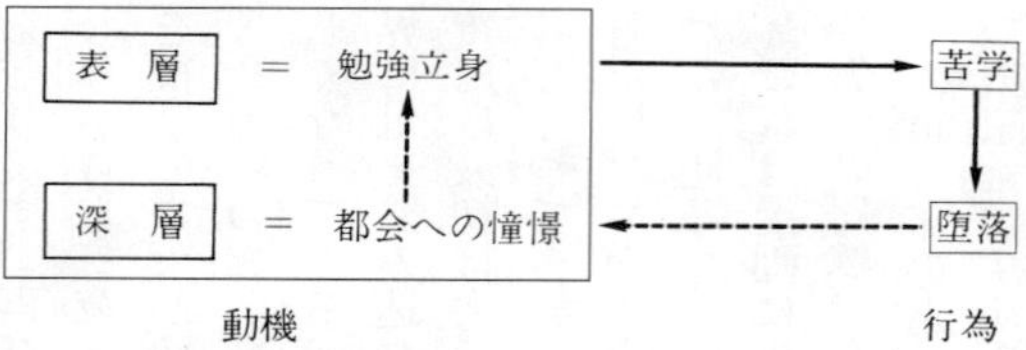

図5—1　苦学の表層と深層

学生の便利を図る洗濯屋、貸本屋、学生を相手にする高利貸、飲食店、素人下宿屋、男色。そしてつぎのようにいう。東京の中学生以上の学生は約五万人いるが、そのうち約二万人は学籍なき者である。浪人や苦学生予備軍、自称学生などである。しかも五万人の学生のうち四万人までが「食詰者」である。残りの一万人といえども「善良なる学生」とはいい難い。善良なる学生は二〇〇〇人程度である。

苦学生は意志堅固な青年とみられる反面、不良と同等視されて警戒されるのも常だった。ただし苦学生の「堕落」は、ゆすりや詐欺、良家の子女の誘惑というものばかりではなかった。苦学生や遊学生の道からの逸脱者によって洋食店、写真屋、自転車屋などのアーバンな自営業者も生まれた[14]。

しかしこういう苦学生のさまざまな「堕落」や「逸脱」の経路は、いってしまえばなにも不思議はなかった。それは、苦学生活が耐え難い禁欲生活を強いられることから逸脱が結果するというのではない。不良化や堕落は苦学生の深層動機とは極めて親和的であったからである。というのは苦学は勉強立身を動機にしていたが、深層では都会への憧れの扮装でもあった。苦学ブームは上京ブームと相伴って生じ、上京熱と苦学熱とはわかちがたく結びついていた。進学も結局は都会への憧れであるからだ。というよりも、進学は都会への憧れを正当化する格好な語彙であった。苦学が都会生活への憧れの扮装であったり、そのための欲望延期である以上、不良化や堕落は表層＝苦学とは矛盾しても、深層＝都会での栄耀栄華への憧れ、とはなんら矛盾していなかった（図5―1）からである。

講義録会員は中学生の数よりも多かった

こうした苦学ブームの背後にはもうひとつの世界があった。独学の世界である。上京＝苦学ルートにのれない者、あるいはその予備軍が利用したのが中学講義録などの独学媒体の世界である。

中学教育を独学する者のための通信教育である講義録は、明治三五年（大日本中学会）に登場する。その後、雨後の筍のようにこの種の会社がでてくる。明治講学会、帝国中学会、大日本普通学講習会、大日本模範中学会、通信中学校などなど。これらは講義録の会社のなかの一例にすぎない。受験雑誌や実業雑誌などにはこの種の講義録の広告が溢れている。なかには会費だけを集めて潰れてしまった会社も少なくな

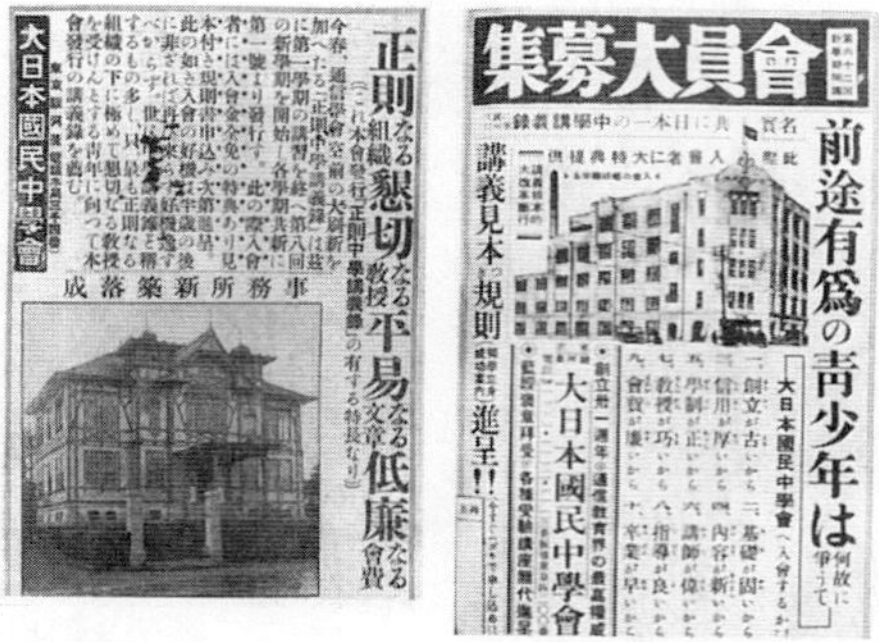

大日本国民中学会の広告

い。短命に終わったものが多いなかで、長期間にわたって繁栄したのが明治三五年にできた大日本国民中学会である。

大日本国民中学会は、東京市長や文部大臣になった尾崎行雄を会長に据えていた。明治四〇年代でみると、入会金が三〇銭。一ヵ月の会費は四五〜五〇銭。講義録は毎月二回送られ、三〇ヵ月で中学の全科目を修了。機関誌（「新国民」）も送付された。そこには各種試験案内や評論、講話などが載せられていた。

このような講義録で学んだ者の実数は不明であるが、大日本国民中学会の広告によれば、大正三年に会員は二〇万人を超えていた。大正三年の中学校生徒数は全国で一二万人だから、一つの講義録の会社の会員数だけで当時の中学全生徒数の二倍に近い。会員二〇万人という数字は広告の中の数字だが、かならずしも誇大広告ともおもえない。大日本国民中学会の広告にあらわれた建物をみていくと、しだいに拡張し、大正一四年には東京駿河台に五階建ての大きな建物を使用するにいたっている。大日本国民中学会の規模はかなり大きかったからである。苦学とならんで独学も相当な人を巻き込んだ。

講義録のユーザーはどんな人

どのような人がどのようにしてこのような講義録を利用したのだろうか。それを明治四〇年ころ講義録で独学した少年の例でみよう。

私の少年時代は赤貧洗うがごとき家計であった。尋常小学校を卒業してから高等小学校までは通った。しかしそれ以上の教育は無理で、村に近い久留米の活版屋（印刷屋）の小僧となった。学問したさに大日本国民中学会に入会した。しかし日給一〇銭で食事代にも事欠くありさまだったから、当時の会費四〇銭が続かなかった。やがて村役場の書記となり、多少余裕ができたので再び会員になった。[15]

この体験談は上級学校進学を閉ざされた高等小学校卒業生がこの種の講義録に活路を見いだしたことを示唆している。本章のはじめに述べた高等小学校現象である。地方に留まらざるをえない高等小学校卒業生こそ講義録の主な読者だった。この仮説は、講義録の広告にも確認される。明治三九年の中学科講義録（明治講学会）はつぎのように書いている。

本会は中等教育の普及を謀るを以て目的とす故に苟も高等小学卒業生にして或は僻地に在りて良師なきに苦しみ或は家事纏綿《てんめん》し時間正しく中学校に通学すること能はざるもの丶為に行はる丶通信教授の方法を以て中学科講義録を発刊。[16]

講義録と専門学校入学者検定試験

しかし中学講義録は現在の高等学校通信教育のように資格をともなっていたわけではない。講義録を修了したところでいかなる公的資格も得られなかった。だとすると、それにもかかわらずどうしてかくも大量の受講者が集まったのだろうか、という当然の疑問が湧くだろう。その答えはつぎのようなものだ。

講義録は、学歴／上昇移動のセンスを内面化しながら就学がかなわないフラストレートされた心情の受け皿となったからである。中学講義録で勉強している間は、気分は中学生でありうる。あるいは、講義録によって上京の準備期間というように未来を担保にしながら現在の失意を消去することも可能である。資格を得られなかったにもかかわらず講義録が需要者をもちえた理由はこんなところにあった。

しかし、講義録の受講者数が飛躍的に伸びるには公的資格とのなんらかの接続関係が必要である。その意味で明治三六年の専検（専門学校入学者検定試験）こそ講義録ブームをもたらした、と推測される。

専検に合格すると中学校卒業資格が得られ、専門学校や高等学校の受験資格ができる。現在の高等学校卒業程度認定試験（旧大検）と似た制度である。専検の制定によって中学講義録は明確な目標を得ることができた。講義録を修了してもなんの資格も得られないことにはかわりがなかったが、専検受験という明確な目標が得られることになったからである。昭和四年の調査によれば、専検受験者の半数は講義録で勉強していた。[17] したがって大日本国民中学会などの講義録の会員は専検制定後飛躍的に増大したことが推測される。大日本国民中学会の広告をみていくと、明治四〇年に事務所新築の広告がのっている。専検施行四年後のことである。これは講義録受講者膨張の専検効果をあらわしているはずである。なお大正八年から高等学校入学資格は中学四年修了者にも可能になった。それにともなって同年、中学校四年修了の資格を証明する高検（高等学校高等科入学資格試験）も制定される。

年度		性別	出願者数(人)	合格者数(人)	合格率(%)
大正	14年	男子	5,637	231	4.1
		女子	579	61	10.5
昭和	3年	男子	9,651	546	5.7
		女子	1,331	96	7.2
	5年	男子	12,252	732	6.0
		女子	1,511	163	10.8
	12年	男子	7,437	222	3.0
		女子	1,503	115	7.7
	14年	男子	9,347	224	2.4
		女子	1,807	102	5.6

表5—1　専検合格率
(「専検高資志願状況の消長と科目合格調」—「受験と学生」昭和6年10月号, 181頁,「専検合格者の為に」—「受験旬報」昭和15年12月号, 128頁より作成)

専検合格率

専検の推移について説明しておこう。初期の専検は指定された中学校で独自な試験問題と採点基準で施行された。しかも一度に全科目受験しなければならなかった。また受験中学によって合格基準がマチマチだった。大正一三年に専検の大きな改正がある。主な改正点は文部省によって統一試験がおこなわれるようになったことと、従来は一度に全科目を受験しなければならなかったのが、一科目ずつ合格科目をとっていってもよいことになったことである。どのくらいの者が専検を受け、どのくらいが合格したかを改正後の大正一四年以後でみたものが表5—1である。

ここで合格者というのは全科目修了した者をいう。もっとも専検は大正一三年以後は一年間ではなく、二、三年あるいは数年かけて合格する者が多かったから実際の合格率は表にみられるよりも若干高めにみなければならない。

それにしても志願者のほとんどは失敗する試験だった。昭和一〇年代では志願者の半分以上が一科目も合格しないありさまだった。また一、二科目合格しても途中で放棄してしまう者も多かった。ある専検合格者は自らの体験から専検合格がいかに困難かをつぎのように書いている。「私が専検を埼玉と群馬の二つの県で受験したときに同じ宿で泊まつて受験した者は四、五〇人ゐた。私は毎年官報で専検合格者の氏名を探すが、私ともう一人以外の名前をみることができない」[18]

専検は中学校卒業資格であったにもかかわらず、実際は中学校を卒業するより難しかった。しかも専検に合格したところで高等学校や専門学校の入学試験受験資格にすぎない。専検に合格してさらに専門学校や高等学校に合格するとなると、サバイバル率はさらに減っていく。

大正一三年の第一高等学校の入学試験でみると、全体の競争率は約六倍。専検や高検に合格した者は一七人が受験している。このなかから第一高等学校に合格した者は二人だけである。[19] 専検は当時の中学校卒業水準からいえば難しかったが、高等学校入学試験から比べればかなり易しかったということになる。同年の官立高等学校合格者全体で直前の教育歴をみると（表5―2）、五〇八五人の合格者のうち専検合格者の

	中学校卒　業	中学校4年修了	専検合格	専入指定	高検合格	高入指定	その他	計
官立高校	3,504	1,483	8	24	27	7	32	5,085
私立大学（予科）	3,997	1,614	21	750	30	25	16	6,453

表５―２　大正１３年合格者の従前の教育
（『文部省第五五年報』より作成）

入学は八人、高検をつうじての合格者は二七人にすぎない。合わせても三五人。入学者のわずか〇・七％である。高等学校への合格という最終ゴールからみれば専検・高検ルートはそれこそ駱駝《らくだ》を針の穴に通すみたいなものだった。

専検から高校という大障害レース

講義録→専検→高等学校コースをとった人の体験談（大正一〇年）をみれば、それがいかにイバラの道であったかがわかる。体験談の主は噴火によって一家の財産が全滅し、知人の実業家の玄関番兼小使となる。

友達等が中学に通うのに出会うと、悔しさと恥ずかしさで「脇道に隠れる」。すぐに大日本国民中学会に入会する。夜一二時までは必ず勉強し、ときには二時、三時までした。無理な勉強のため健康を害し、一七歳のとき肋膜炎になる。そこで父母のもとに帰り野菜づくりのかたわら独学を続ける。その後、中学の助手になる。さらに独学を続け、二回目の専検受験で受験者中首位（平均七四点）で合格する。同年に東京高等工業を受験するが失敗する。その後、東京で苦学しながら予備校に通い捲土重来を期するも肋膜炎が再発する。帰省し、今度は郷里の高等学校に狙いを定める。途中またもやリューマチなどにかかる。が、今度は高等学校に合格する。[20]

まことに悲惨としかいいようのないイバラの道である。しかも、この人の体験談にもあるように、講義録での勉強ではフィードバックがない。和文英訳のときは自分の書いた英文のどこが間違っているのかを確かめるすべがない。物理なども講義録のテクストでは単に公式を当てはめるだけの問題が多かった。内容を理解する困難さが常にともなった。講義録による独学はピアノを教則本だけで習得するときの困難さと等しかった。

専検↓上級学校進学ルートは、独学にともなう学習のハンディキャップと、苦学にともなう時間の制約性や病気など何重苦ものハードルが待ち構えていた。それは、あまりにも苛酷な障害物レースであった。したがってさまざまなハードルを越えゴールに到着する者は寥々《りようりよう》たるものだった。

クール・アウトとは

大抵の者が専検や高検などの資格検定試験に挫折したことに着目すれば、専検や高検を目標にした中学講義録の勉強も実際は多くの人には異なった機能をはたしたはずである。それは野心の加熱（ウォーム・アップ）の姿をとりながら実は冷却（クール・アウト）だったという極めて皮肉な過程である。このアイロニーを考えるためにクール・アウトの概念を説明しておこう。

クール・アウトとはアメリカの社会学者アーヴィング・ゴフマンが信用詐欺師の隠語から借用した用語である。信用詐欺師がまきあげたカモをそのまま放置すればろくなことはない。自分たちを追っかけてきたり、警察に垂れ込んだり、悪い評判をたてられたりする。以後商売がやりにくくなる。そこで詐欺師仲間の一人がカモのそばにとどまり、「運がわるかったのだ」などの言葉によってカモの怒りを静め、失敗をうまく受容し、ギャーギャーいわず静かにもとの生活に戻るように状況を定義してやる。これが「クーラー」(cooler 冷却者）である。信用詐欺師にひっかかるのはごく少数の人だが、近代社会は左遷や失恋などメランコリーな喪失や失敗に満ちている。幻滅のあとの修復過程が必要である。したがってクール・アウトはさまざまなかたちで作動している、とゴフマンはいう。[21]

そこで信用詐欺師の隠語であるクール・アウトをつぎのように一般化することができる。それは面目と自尊心の失墜を極小化し、失敗を外傷化しないことである。換言すれば、希望やあてにしていたことが実現されなかったことから怨みや不満をもち反逆することのないようにし、従属的地位や役割への献身を持続させる過程である。ゴフマンのいうクール・アウト過程は、フランスの社会学者ピエール・ブルデューのいう「社会的老化」と同じである。社会的老化とは緩慢な喪の作用である。この作用によって人々は、自分の願望を現在の「客観的可能性」に合わせる。そして自分のおかれている状態と「折りあい」をつける。「自分がありのままのものになろうとし、自分がもっているものだけで満足しようとするようしむけられてゆく」[22]過程である。

講義録は時間稼ぎ

クール・アウトにいたる過程には「権限剝奪の代償に地位を付与する」（kicking upstairs 二階に蹴りあげる）など、さまざまな戦略が介在する。中学講義録が実は体よく野心を諦め（クール・アウト）させるものだったというのは、どのような戦略によっていたのだろうか。時間稼ぎの戦略だった。

講義録の読者は、中学校へいけなかったことに不満をもち、講義録を中学の代替物とした者たちである。かれらが中学校や上級学校への進学コースを諦め、今の職務に満足して取り組むには時間の経過が必要である。講義録は学歴／上昇移動の仮装をとりながら、実は時間をかけながら漸次、勉強立身価値をクール・アウトしていく冷却媒体（クーラー）だった、というのが本当の機能である。講義録は、結果からみれば加熱された人々を加熱の世界におきながら、徐々にかれらの頭を冷やしていく巧みなクーラーだった。

ゴフマンはクール・アウトの方法のひとつに、苦情係が黙って苦情を聞いてやり、苦情をまくしたてるままにしておきながら、結局は苦情者の不満感情を放出させてしまう手口を取り上げているが、中学講義録の潜在的機能もそれにきわめて近い。高等小学校現象を講義録で放出させながら、実はしだいに野心を冷却させていくものだから。

あるいはゴフマンと並ぶ皮肉屋C・N・パーキンソン（イギリスの社会学者、政治学者）は、こうまでいう。猫はいろいろな方法で殺すことができる。残酷な殺しかたもひとつの手である。しかし生クリームの山のなかで殺すという手もある。生クリームのなかで溺死させるというのはときとすると、最良の方法である。そのとき猫は法悦のなかで死んでいくからである。[23] 中学講義録とはまさに猫にとっての生クリームでもあった。

しかし、独学・苦学者には中学講義録や専検、高校入試などの確率の低いサバイバルゲームを勝ち抜いてもさらに受難がまっていた。

独学・苦学者へのスティグマ

独学や苦学ルートによって高等学校に進学しても、かれらは「専検出身」というスティグマ（汚点）を避けることができなかったからである。専検出身者はその奮闘努力を賞賛される反面、つねにうさんくさい存在というまなざしの地獄にさらされた。中野孝次の一連の半自伝風小説（『麦熟るる日に』『苦い夏』）にそのあたりの微妙な感情を読むことができる。小説はつぎのようなものである。

小説の主人公（孝次）は豊かとはいえない大工の家に生まれる。両親とも農村からでてきて市川（千葉県市川市）に住んだ。小学生のとき家のおつかいにいって、母のことを「ママ」と呼ぶ家を知ってびっくりする。「母ちゃん」のことを「ママ」って呼ぶのか、と鮮烈な印象を子供心に知る。これは経済的区分以上の文化としての階級の存在の実感である。孝次の兄は小学校高等科を卒業すると、金物会社の住みこみ店員になる。孝次の父は「職人の子に教育なんかいらない」、と中学校（旧制）進学に反対する。結局小学校の高等科に通うが進学の念はやまない。そこで中学校を卒業しなくとも、高等学校入学者受験資格を得られる高検を目指して合格し、高等学校に進学する。

入学後、孝次は暇さえあれば本を読み、高等学校の教養主義文化＝西洋の古典や小説の世界に耽溺する。ところが、あるときかれは友人につぎのように指摘されてしまう。

するると重国は棋書をおき目を俯せて聞いていたが、言い終ると真正面からぼくを見て言った。

「それはわからんでもない。だがな、そうやって新しいものに次から次と気をとられるあんたを見ていると、どうもあんたには度しがたいスノビズムが巣喰ってるのかもしらんて気がするぞ。」

思いがけぬことを言われ、どきっとして、反撥する声は我ながら甲高くなった。

「スノビズムって、どうして。」

「つまりだな、あんたは美だの精神だのってよう口にするがな、もしかすると、自分もそいつらみたいにいい暮しがしたいだけなのかもしれんと思うことがあるよ。こんなことは言いとうないが、それはあんたが専検とって苦労して高校に入ったこととも関係あるかもしれん。あんたの好奇心や向上心には感心するが、ひょっとしてその底には出世慾もからんどりゃせんか。」

そう言われ、ぼくは胸に熱い鉄棒でも打ちこまれた気がして頬が歪んだ。重国からこんなひどい批判をされたのは初めてだった。あぐらをかき直して、またキセルに短く切ったタバコを詰めている相手にむかって、ぼくは思わず叫んだ。

「ひどいこと言うなよ、だれが今どき出世しようと思って文学なんかやるものか。世の中でまともな暮しができるなんて希望はとうに捨ててるさ。」

「まあ出世慾は言いすぎかもしれん。だがな、おれが言いたいのはあんたのその気持の動きやすさだよ。おれにはどうもあんたが自分を忘れて新しい珍しいものにばかり気をひかれすぎるような気がしてならんのだ。美とか何とか言ったって、要するにあんたはブルジョアの洗練に憧れとるだけじゃないのか。[24]」

旧制高校文化と苦労人的ハビトゥスの距離

専検出身者へのスティグマは二つの方向から発生した。第四章でみたように、たしかに近代日本においては奮闘努力は価値であった。しかし学歴獲得過程での奮闘努力はあくまで学習にかかわる努力である。日本の学校は今でもアルバイトを禁止し、キャンパスを塀で閉ざす学校が少なくないように、学校は社会の「俗」から遮断されなければならない「聖所」である。だから受験を通じた努力や勤勉はいわば通過儀礼における身体的苦行のようなものである。聖所における「修錬」であっても世俗の「苦労」ではない。したがって専検出身者の職業的社会的経験は学校空間に包摂される勉強的努力とは異なった夾雑物＝ケガレということになる。専検出身者が逸脱した学歴エリート（傍系）とみられた理由はここにある。

さらに専検出身者のスティグマ化にとってつぎのような事情がきわめて重要である。正規の学歴コースを経ず奮闘努力したかれらの「ハビトゥス」（精神の型）が高等教育の文化と大きな距離があったからである。ハビトゥスについて説明しておこう。

あの人は上品だとか田舎者だ、とかいうことがある。このときわれわれは個々のあれこれの行為を言及してはいない。個々の行為を処するシステムを指示している。こういう行為の基礎にある持続する性向をハビトゥスという。ハビトゥス（habitus）とは、状態や習慣のことである。「型」と訳す人もいる。ハビトゥスは身体化された文化の謂《いい》であるから付け焼き刃がきかない。もともと上品でない人が急に上品ぶってもどこかそぐわない。お里が見破られてしまう。ハビトゥスは家庭や学校で長い時間をかけて無意識裡に形成されてしまう。行為の基礎になる血肉化された持続する慣習である。それぞれの場には特有の文化があり、場に適合したハビトゥスがある。われわれが「居心地のよさ」や「場違い」を感じるのは、場の文化と自分のハビトゥスとの適合と不適合による。

ピエール・ブルデューは、高等教育のなかのブルジョワの子弟とプチ・ブルジョワの子弟の関係をハビトゥスという概念を使用しながらつぎのように書いている。

高等教育の文化は上層階級の文化である。したがって高等教育という場に適合したハビトゥスは上層階級のハビトゥスである。プチブルの子弟が高等教育の「高級」（「正統なる」）文化のなかで、ともすると場違いと感じてしまう所以である。ブルジョワの子弟にとっては高等教育の文化は学ぼうとする努力の対象ではない。高等教育の文化とブルジョワの子弟のハビトゥスとは同型であるからだ。ところがプチブルの子弟にとっては高等教育の文化とかれらが育った家庭の文化には大きな距離がある。高等教育の学問へのアクセスには獲得努力が必要である。しかし上層階級からみれば、そうしたプチブルの子弟の「勤勉」は「余裕のなさ」に、また「努力」は「才能の欠如」をおもわせてしまう。[25]プチブルの子弟は高等教育の文化に同化しようとすればするほど、そぐわなさが露呈してしまうというわけだ。

ブルデューのこのような論説は、一九六〇年代前半のフランスのエリート型高等教育を経験的準拠にしている。だから今の大衆大学のキャンパス文化にはそのままでは当て嵌《はま》りがわるい[26]が、戦前の旧制高等学校のキャンパス文化を考えるときには有力な手掛かりになる。

なるほど勤勉や努力は近代日本の価値ではあった。しかし日本でもブルジョワの世界や高等教育の場ではなにがしかのズレをともなっていた。ブルジョワや学歴エリートは、勤勉や努力からのなにがしかのズレという差異によって象徴的権力を獲得する。上層階級や学歴エリート特有のこのズレを取り込むには専検出身者の独学・苦労人的ハビトゥスはまことに不都合であった。さきほどふれた中野孝次の小説の場面で、かれが友人に精神の賤しさを指摘される場面は、主人公の独学と苦労人的ハビトゥスが高等教育の文化に同調するときにそれが過剰同調となってしまい、「いかがわしさ」や「スノビズム」「出世慾」という精神の賤しさとして解釈されてしまう悲劇である。

教養主義という虚構

しかし日本の高等教育の場合、学生の出身階層がかなり低かった[27]という特有の事情が加わり、さらにねじれが生まれた。

ブルジョワの子弟と専検出身者が同じ高校生や大学生になっても二人のハビトゥスの社会的距離はまことに大きい。だが地位の安定したブルジョワはそのような社会的距離を意図的に吐露しないのが常である。社会的距離が大きいからこそ慇懃《いんぎん》である。しかし日本の高等教育はブルジョワを基盤にしていたというよりも、もっと貧しい階層（プチブル）の子弟を基盤にしていた。かれらは身分集団としての相続カリスマも欠いていた。かれらは必死に正統なる文化に同化し、民衆と差異化しなければならなかった。旧制高校の教養主義はそういう同化＝差異化戦略である。旧制高校のハイブラウ文化である教養主義を額面どおりに読んではならない。受験勉強も教養主義も実は「知識獲得作業」という点ではなにも変わるところがなかったのである。教養主義を知識あるいは真理への無垢な志向とだけみるのは余りに単純である。そこ（教養主義）にどういう利害が懸けられているかを見抜く必要がある。

近代日本の正統なる学歴エリートそれ自身がうさんくさい存在（プチブル）だった。かれらは自らのうさんくささを専検出身者に投射することによって、自らを差異化していった。慇懃の戦略ではなく、差異化戦略が行使されなければならなかった。そのかぎり、専検出身者へのスティグマ化の直接的犯人（スティグマタイザー）は、貧しいが正系の学歴経路を踏んだ人々であった。しかし真の仕掛け人は、西洋のブルジョワ文化を正統なる文化とする象徴的暴力生産装置＝高等教育（旧制高校）だった。

民衆は上昇移動の切符を得られなかった代償に学歴エリートが繰りだす教養主義（西洋古典）という象徴的暴力に抗して「修養主義」（心身の鍛練と人格の向上）という対抗戦略を繰りだすことができた。「岩波文化」に対する「講談社文化」といわれるものや修養団などによるさまざまな運動がこれである。[28] しかし専検出身者は、高等教育＝上昇移動という切符を得た代償に教養主義の暴力の格好の餌食に選ばれてしまったのである。それはブルデューのいう高等教育キャンパスにおけるプチブルの悲劇の日本版——苦労人がプチブルによって冷ややかな視線を投げられる——だった。

第六章　受験のポストモダン

昭和四〇年代までは受験のモダン

明治三〇年代後半から登場した受験現象は、現在の受験と同じようにみえる。しかし同一年齢人口における高等教育進学率（高等学校、専門学校・実業専門学校、高等師範学校など）は大正九年で男子二・三％（女子〇・二％）、昭和一五年でも男子五・四％（女子〇・六％）にすぎない。平成に入ってからは大学進学率だけとっても三七％（平成元年）である。高校進学率は九四％に達している。ほとんど全員が受験の世界を経験している。では違いは、受験が社会のなかのごく一握りの人々の世界だったことと、今のようにほとんどすべての青少年の世界になったという量的差異だけだろうか。

しかし差異は量だけにとどまらない。質的な大きな差異をともなっている。この質的な差異を受験のモダンと受験のポストモダンと呼ぶことにする。受験のモダンは「硬い」受験競争の時代を、受験のポストモダンは「柔らかな」受験競争の時代をいう。

受験のモダンは第四章でふれた久米正雄の小説『受験生の手記』にみられるような世界である。そこでは今の若い世代が『受験生の手記』を読むと、受験競争に対するあまりにもきまじめな意味付与に奇異な感想さえ抱くかもしれない、とも述べた。こういう受験のモダンは昭和四〇年代まで続いた。受験現象の断絶は戦前と戦後にあるのではない。昭和四〇年代以前とそれ以後にある。第五章までにみたような戦前の受験現象が昔話のように響いてくるのは戦後になってからではない。昭和四〇年代以後からのことにすぎない。

もちろん戦後、学校体系が六・三・三・四制に統一され、新制大学が誕生するという大きな変化があった。これにともなって決定的な選抜試験は中等学校から高等学校・専門学校の間ではなく、高等学校から新制大学にかけての大学入試になった。さらにアメリカの影響によって大学入試に知能検査に似た進学適性検査が導入されたり、穴埋め問題や○×式、多肢項目選択問題などの「客観式」テストが導入されたりした。しかし第四章で少しふれたように、受験をとりまく社会的コンテクストや受験の世界は戦後のある時期までは戦前とほとんど変わらないものだった。努力と精神主義を強調する受験雑誌の体験記や指導スタイルもほとんど相同である。

戦後（昭和三三年）のある合格体験記の結びはつぎのようなものである。「入試だけでなく、すべて『やれば出来る』という事であり、『努力する者は必ず救われる』という言葉を忘れないで『忍耐と努力』をして下さい」[1]。これは努力と勤勉を金科玉条とした戦前の合格体験記とまったく同形な言説パターンである。

　受験生活を「灰色」という色で指示することはすでに戦前にみられたことだが、戦後も昭和三〇年代まではよく使われていた。灰色は努力・忍耐を旨とする受験的生活世界を指示する枕詞だった。受験生活は灰色でなければならなかったのである。すでに第四章で述べたように、参考書にしても戦前のベストセラーがほぼそのまま使われていた。

　断絶の兆しは昭和四〇年代からはじまる。「蛍雪時代」が大判になり、カラーやグラビアを取り入れ、従来の黒っぽい受験雑誌のイメージを破ったのは、昭和四二年四月号である。デル単（『試験にでる英単語』）が登場したのも同じ昭和四二年である。その後、続々とカラフルな参考書があらわれ、戦前産の参考書にとってかわりはじめる。受験生活を灰色によって指示しなくなったあたりから、受験のポストモダンがはじまる。むろんその間には受験の大衆化が生じたということも無視できない。大学進学率の高度成長は昭和四〇年代からである。しかしもっとも重要なのは、昭和四〇年代から受験が位置する社会的文脈が大きく変化しはじめたことである。

目標の脱神秘化

受験のモダンは希少性の時代の社会的文脈で展開された「マジな」受験競争である。「マジな」受験競争というのは将来の生活を懸けた競争の謂である。受験の成功によって得られる立身出世が神秘化されている時代の競争である。あるいは受験戦争で生きのこらないと大変だ、という没落の恐怖をともなった競争であった。

希少性の時代においては達成によって得られる報酬（地位や金銭）がきらきらとしたものだった。したがって、目標（学歴立身）を内面化しながらも達成がかなわない故の「不満」の時代でもあった。第五章で述べた「高等小学校現象」がこれである。しかるに豊かな社会は、達成ののちに得られる報酬そのものが事前に脱神秘化されてしまう「不興」の時代である。豊かな時代になると達成（立身出世）によって得られる報酬の満足の魅力が大きく後退する。かつては欲望満足延期によって生みだされることになっていた快楽は今や達成以前に手にいれることも可能である。社会人として特別の成功をしなくとも一流レストランでフランス料理を食べる贅沢は味わえるということだ。達成の結果としての金銭や地位もその衒示《げんじ》効果を大幅に喪失する。アメリカの社会学者W・サイモンとJ・H・ギャノンは、前者の「不満」の時代を「希少性のアノミー」、後者の「不興」の時代を「豊かさのアノミー」の時代と呼んで区別している。[2]

今や大衆感覚そのもので目標の脱神秘化がおこなわれている。藤岡和賀夫もいう。今では安価な時計を身につけていても高級腕時計をしている人に羨望を感じない。劣等感ももたない。高級腕時計をしている人が「イモ、スノッブ」に見られたりもする。「こうした腕時計をめぐる価値の『逸脱現象』『飛び越し現象』は、単なる多様化と片づけるには手に余る、価値の『非整列化』の反映」[3]だ、と。藤岡のいう価値の非整列化とは、「目標」（地位・金・所有物）そのものの脱神秘化に他ならない。

豊かな社会ではドラマ化された成功目標がなくなるだけではない。失敗もドラマチックではない。有名な学校を出ることによって将来得られる報酬がぴかぴかした目標になるというわけではない。また学歴が乏しいと生活するのに困るというものでもない。豊かな社会とは人を前向きに駆りたてるドラマチックな成功という人参も、後ろから駆りたてるドラマチックな失敗という鞭もない社会である。受験競争もこういう背後の刺激者の喪失という文脈の中に組み込まれている。

投資の拒否

受験現象を大きく変容させる希少性の時代と豊かな時代を、野心の加熱と冷却という視角からさらに読んでみよう。

近代社会は一方で野心を掻きたて（加熱）ながら、他方で諦めさせる（冷却）過程を作動させてきた。しかし加熱と冷却はディレンマである。野心を高めることに社会が成功すればするほど、のちの局面で野心を冷却させることは困難になるからだ。逆に野心を鎮静させることに社会が成功すればするほど野心を加熱させることは困難になる。だから加熱と冷却はディレンマではあるが、それを蒸気機関のボイラーと凝縮器の温度差のように差異のポテンシャルとして利用し、エネルギーを噴きださせることが近代社会の活力の源泉だった。

伝統的価値（「オラたちの子に教育はいらない」）に生きる一部の労働者・農民階級だけがこのような近代の罠（加熱と冷却）から外れていた。蒸気機関モデルに沿いながら加熱させられのちに野心を冷却するのがクール・アウトであるときに、蒸気機関モデルそのものにのっていかないのはオプト・アウト（投資の拒否）である。

しかしすでに述べたように、豊かな社会ではこういう「投資の拒否」（報酬へのしらけ）は新中間層まで巻き込みはじめている。「熱源」と「冷却」装置の落差を利用したシステムの運営が自明のことではなくなってきたのである。これが豊かさのアノミー（無規範）である。希少性のアノミーとは根本的に異なっている。希少性のアノミーはあの高等小学校現象のように目標（学歴立身）を内面化しながら、手段（学資）がないことによる苛立ちである。それに対し豊かさのアノミーはもはや目標そのものが人を駆り立てる大きな魅力たりえないのだ。

ポストモダン社会は「諦めきれない」というよりも「のらない」社会である。欲望をつぎつぎと高める人間イメージは破産し、所有と達成の経験についてはるかに冷ややかな態度の時代だからである。

受験現象の近代は、加熱がやすやすと成功した文脈で展開された。受験競争の成功によって得られる報酬の神秘化、あるいは受験で生きのこらないと人生に落伍するという没落の不安によっていた。

近代日本において後者の没落の不安がかなり大きかったことは、戦前の所謂《いわゆる》成功読本をみるとよくわかる。それは、成功のことを書くよりも、どうやって失敗を避けるか。世の中で失敗したら大変なことだということを言っているにしかすぎない場合が少なくない。たとえば、『成功針路　大正青年と努力』（桂醇、岡本増進堂、大正六年）という成功読本の構成はつぎのようなものである。緒論　失敗の意義、第一編失敗の原因、成敗と境遇、失敗と機会、第二編　失敗の動機、失敗と誘惑、失敗と健闘……と続く。「成功針路」という題名にもかかわらず、内容は成功よりもいかにして失敗を避けるかについて書かれてある。成功読本の体裁をとりながらも内容的には失敗回避読本である。

試験の秘儀性が剝がれるとき

努力や忍耐の受験的生活世界は、このような希少性の時代においてリアリティをもち、かつ倫理たりえた。事実、努力・勤勉・忍耐などの近代日本の自己鍛練のエートスは、元禄・享保期の商品経済の急激な展開による零落の危機（「長者二三代ナシ」）の時代にサバイバル倫理として誕生したものである。[4]

ところが豊かな社会のアノミーのなかでは努力と勤勉という近代日本人のエートスは、価値ではなくなりはじめる。努力奮闘の倫理を支持した社会構造が大きく変化したからである。近ごろの有名大学生は、受験でほとんど勉強しなかったことをひけらかそうとするのはこの故である。かつての受験生が過度に努力物語を強調したとすれば、今の学歴エリートは努力しなかったことを過度に強調しようとする。学歴は単に「選択的保証」にすぎないと、自らの才能や出自のよさ（おぼっちゃま・おじょうさま）を気取りたいというのが当世風である。

こうして受験から努力や勤勉の強迫観念が取り払われることによって試験の秘儀性が剝離されはじめたことが受験のポストモダン現象である。

試験はいってしまえば暗号解読競争である。試験で良い成績をとる者は適確な暗号解読表をもっているからである。生徒や受験生は練習問題などに取り組むなかで時間をかけながら自然にこの種の暗号解読表を体得する。暗号解読表は言語化、マニュアル化しにくい勘やコツとして身体化される。しかし言語化、マニュアル化がまったく不可能というわけではない。公教育の教師は「学問に王道なし」とむしろ意図的に言語化、マニュアル化を避ける。もちろん教師はときとするとそうした「王道」を吐露することはあるが、あくまで非公式であり暗示的である。試験を暗号解読ゲームとして相対化することは教育の神話を破壊し、教師をして単なるマニュアルのインストラクターにしてしまうからである。こうして試験に必要な深層ルールの明示化は公教育では避けられる。その意味で評価の対象となること自体について実は教師は生徒に何も教えない。

この種の隠蔽によって試験と教育が神秘化され、教師の尊厳が保持され教師・生徒の上下関係が維持されるというのが教育システムの仕掛けである。試験という言葉はラテン語にはなかった。中世の大学の誕生とともにあらわれる。試験は教育が学校という形で制度化されるにおよんで登場した。試験が学校システムの重要な儀式であり要である所以である。

もちろん生徒は学校のなかで日常的に試験に晒されることによって自成的に対応戦略の知恵を獲得する。試験ではどうやってその問題を解くかの過程は問題にしない。結果よければすべてよしである。生徒がこのことに気がつくのにそう時間はかからない。小学生でも符号の選択であれば同じ符号が三回以上連続することはめったにないなどのことを正答を得る手掛かりにする。このように、正答に至る過程は問題にしないでとにかく正答すればよいという態度が「正答主義」[5]（ライト・アンサーリズム）である。

試験や評価があるところはどこでもこの種の正答主義がでてくる。しかし正答主義は防衛的かつ消極的戦略でしかない。教師自身がこの種の戦略に手をかすことはないからである。公教育の教師と違って、予備校や受験雑誌こそがこの種の隠蔽の利害からもっとも遠いところにある。否、暴くことにかれらの利害がかかっている。ところが戦前から予備校や受験雑誌はあったが、かつては努力と勤勉の神話が作動していたから、受験生も受験雑誌も「受験準備といふ特殊の術」[6]はないという呪縛から逃れられなかった。受験を徹底した暗号表の習得とみる視点が貫徹できなかった。

たしかに戦前においても一日一二時間以上の勉強に懐疑的な言葉に出会う。大正六年のある合格記はいう。「受験記を読んで見ると、一日平均一二時間位勉強したといふ人がよくあるが、特別に脳が丈夫で身体の壮健なのが自慢の人はいざ知らず、さうでない人がうつかり真似でもすると大変なことになる」[7]と。かれは八時間の勉強で合格可能だ、という。しかし八時間の「精神の集中」は漫然たる一五時間に「優らぬまでも劣らない」として正当化される。「精神の集中」は、「受験は要領」と異なって、あくまで努力奮闘価値の枠内の語彙である。

受験産業は教育とアカデミズムの秘密を暴く

いま予備校などの受験産業がおこなっているのは、試験が隠蔽する罠を明るみに出すことである。受験を単なる努力の積み重ねとみるよりも適確なストラテジーの行使とみる視点である。受験は要領とする意識がこれである。努力の神話が崩壊した時代においてはじめて試験の呪縛性＝絶対化から解き放たれる。受験産業は一斉に受験「戦略」にシフトした。

受験生にとって予備校がおもしろいのは、予備校には目標があるからとか教師が熱心だからというようなことではない。そこでは徹底的に試験が相対化され、暗号の位置におかれるからである。予備校は入試を秘儀的な儀式の位置から暗号解読ゲームに変換してしまう場だからである。試験の秘儀性が剝奪されることは、学校＝教育システムの存立構造の秘密のカラクリを知ってしまうことである。それはアカデミズムの秘密——真理の探究というよりも、それ自体特有のルールにもとづいた知的ゲーム——をも知ってしまうことになる。この種の知ってしまう爽快さ（深刻真面目受験劇の相対化）がいま予備校がおもしろいの背景にあるはずである。

『国語入試問題必勝法』（清水義範、講談社、一九八七年）というおもしろい小説はこのような文脈で読むことができる。この小説は今日の暗号解読としての受験を象徴している。ストーリーは国語が不得意な生徒のために家庭教師がさまざまなルールをあみだすことから成り立っている。ただそれだけのストーリーである。だがこの小説が推理小説のように面白いのは、試験を神聖な位置から引きずり落とし暗号解読ゲームとして扱っているからである。

たとえば、本文の内容と合致しているものを選べというときにはつぎのようなストラテジーが提示される。大、小、展、外の法則がこれである。「大」というのは本文に書かれているよりも内容を拡大したものである。これは本文に書かれてある以外のものまで含んでいるから間違いである。「小」は本文には書かれているがそれは部分的なことにすぎないものである。これも間違い。「展」というのは、本文の論旨をもう一歩展開したものである。これはひっかかりやすいが、本文には書いてないのだからこれも誤りである。こうして誤りを削除し残ったものから正解を選べということになる。このような法則がつぎつぎと繰りだされる。なかでもおもしろいのは何字でまとめよという問題の対処法を書いているくだりである。

内容を三〇字でまとめよなどというのはそもそもムチャな話である。三〇字でいえるなら原作者が三〇字でいっているはずだからといってその戦略をつぎのようにいう。私が「要約」するよりも小説自体の言葉そのものがおもしろいのでそのまま引用しよう。

三十字で言えることなら原作者が三十字で言ってるはずじゃないか。それじゃあ言えないからもっと長く書いているんだ。つまりこういう問題は、私の家は駅を降りて右へ出てその街道を道なりに三分ほど歩きますと角に時計屋がありますから、そこで左へ曲がってそのまま進んで、銀行を越したところにあるタバコ屋の向かい側の生け垣の家です、という文章を、私の家は駅から歩いて行ける距離のところに

あります、とまとめさせるようないいかげんなものなんだ（同書、五二頁）

『国語入試問題必勝法』は試験が脱神秘化され、受験が「地獄」や「刻苦勉励」ではなく、「ゲーム」や「要領」になっている様子を示していて興味深い。『受験生の手記』から『国語入試問題必勝法』の受験小説の変化のなかに、受験をめぐるモダンとポストモダンの長期波動の歴史が刻印されている。

大学側からする入試選抜方法の改革がいつも受験産業に負けてしまうのは、予備校などの受験産業は入試を徹底した戦略ゲームと考えるのに対し、大学側は教育的意義や人間形成などの教育的言説を入試という排除ゲームに持ち込むからである。そのぶん大学側は戦略的思考ができなくなる。たとえばそれはこういうことになる。

大学側は独創性などを評価するために必要という名目で論文試験を実施した。しかし受験産業はこれも受験競争ゲームのあらたなルールとして読み変えてしまい、ディコードする。かくて予備校教師の小論文対策はつぎのようになる。小論文は共通一次試験以後受験生が「画一化」してしまったことに対する反動として登場したものである。このことを忘れてはいけない。だから小論文でよい答案を書くにはひねりが必要である。与えられた課題への作文内容は、意図的にひねるという演技性が必要[8]なことが強調される。受験生にも既存の科目で若干不足する得点を補う一発逆転として論文試験がねらい目と教えられる。受験が人間形成や努力倫理などの教育的言説や道徳的言説とセットになっているときに重い深刻劇になる。受験産業は受験からこの種の教育的言説や道徳的言説を放逐することによって軽やかなゲーム性（受験は要領）に変換したのである。

クール・ダウン＝柄相応主義

つぎに第二の受験のポストモダン現象を考えるために、戦前（昭和四年）の受験生の相談の手紙を紹介しよう。高校選抜方法に中学校の成績を加味するという案がでたころである。相談者の中学校（富山中学校）での成績は三年が四〇番台、四年が五〇番台。中学校の成績が「よくなかった」。そこでつぎのような相談となる。

前にも申上げたやうに、義兄の世話になる事ですからどうしても一高を受けなくてはならないのです。中学の成績の悪いのは入学試験を受けるつもりがなかつた為めで、試験には優秀なる成績を収め得ると自信してゐます。それでも一高では入学試験の成績が如何に最優秀でも中学校の成績が悪ければ入学する可能性がないでせうか。一つ記者の隔意なき御意見を承りたう御座います。[9]

中学校の成績がこの程度でも第一高等学校を受験したいということ自体いまでは考えられないはずである。

しかし、この相談者のように自分の学力とかけ離れた学校にでも受験するというのはついこの間まではかなり一般的傾向であった。そのことを第一高等学校や戦後の東京大学の入試競争倍率にみることができる。図6―1をみよう。戦前（大正・昭和時代）の第一高等学校の競争率は九～一〇倍前後である。このような高倍率は戦後の東京大学の競争率にも引き継がれている。競争率が下がるのは昭和三〇年代からである。とくに共通一次試験導入（昭和五四年）後、競争率がかなり下がっていることがあらためて確認できる。

入学困難な第一高等学校や東京大学の競争率が昭和三〇年以前にはかなり高倍率であったことは、受験生の間に合格可能性がひろく認知されていなかったことのなによりの証拠である。逆に競争率の低下は受験生が合格可能性を熟知しており、自分の手の届く範囲に目標を設定していることになる。

戦前から昭和三〇年代半ばころまでは、受験生が自分の位置を知らない時代だったのが、しだいに自分の位置を知るようになり、受験以前に自分で「予期的」選抜をおこなってしまう時代になったことを意味する。つまり受験の磁場がひたすら野心を加

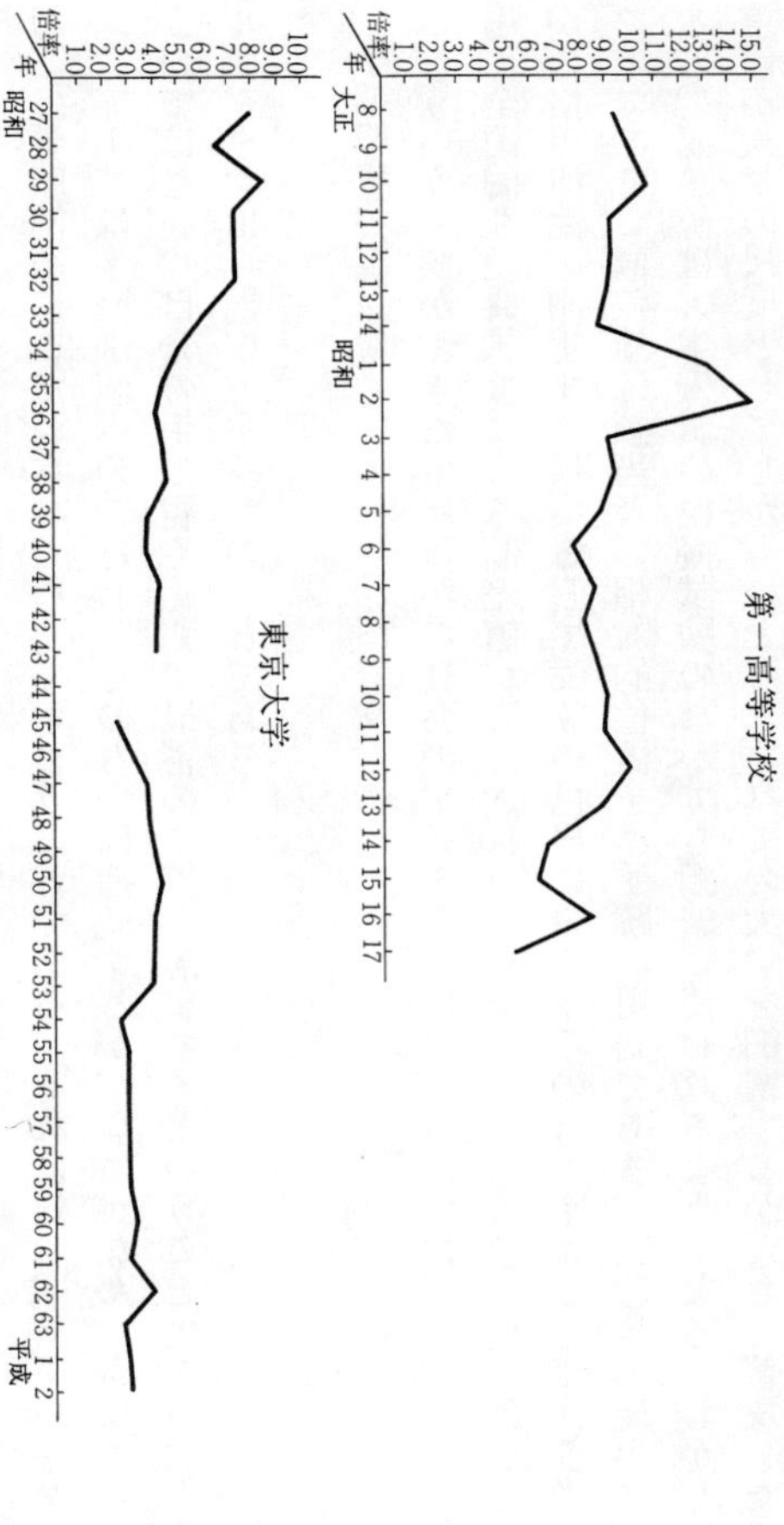

図6―1　第一高等学校と東京大学の競争率（第一高等学校については文部省年報，東京大学については旺文社，共学社資料により作成）

熱するよりも野心を縮小することにむかったのである。

こういう野心の縮小をクール・ダウンと呼ぶことができる。クール・アウト（冷却）は学歴価値にこだわらなくなってしまうことである。それに対し、クール・ダウン（縮小）は学歴価値へのこだわりそのものは持続するが、なにがなんでも東大というのではない。自分の手の届く範囲で最善の学校を志望するということである。クール・ダウンは「柄相応主義」のことである。

予期的選抜の時代

こういう転換がおきたのは豊かな社会のアノミーだけによるのではない。受験の磁場に全国的な模擬試験による偏差値が導入されたからである。偏差値という統計用語が合格可能性を測定する尺度として受験の世界に登場するのは、昭和三〇年代前半のことである。偏差値は該当者の相対的位置を示す統計用語である。三〇年代後半になると、偏差値は大学入試の模擬試験のなかでも頻繁に使われるようになる。しかし偏差値が大学の尺度としてしかもほとんどすべての大学を網羅するかたちで普及したのは、昭和五四年の共通一次試験の開幕からである。しかもいまや高校段階以前に中学校あるいは小学校から自分の位置を知るさまざまな試験に晒されている。入学試験以前に合格するか不合格になるかがわかってしまう「事前」[10]選抜や「予期的」自己選抜の時代になったのである。だから、今であればさきに示した富山中学生のような相談事はありえないだろう。

たしかに戦前にも受験雑誌は学校別難易度を掲載していた。高等学校が共通試験のときはそれぞれの高校の最低得点の掲載もしていた。しかし採点は高校ごとにおこなわれたのだから、厳密な比較はできない。さらに高等学校と専門学校などとの比較の手立てはなかった。高校が単独選抜のときは入試問題も異なっているのだから高校間の難易度比較さえ不可能である。したがって、戦前の受験雑誌の難易度情報は競争倍率を知らせ、それに若干の解説をつけるといったものだった。

しかしこのような難易度情報はあまり効果はなかった。受験雑誌の難易度情報が大まかすぎるということだけではない。受験生の側に全国的模擬試験のようなものがない時代には、受験雑誌にいくら難易度情報があっても自分の位置を正確に知る手立てがなかったからである。

難易度情報は一方的情報にとどまった。難易度情報はクール・ダウン（柄相応主義）はもたらさなかった。結果的に、受験雑誌情報はひたすら加熱をしただけである。

第三章でみたように、歐文社の創立によって昭和一〇年代から通信添削の時代になった。このころ、いまや受験雑誌の時代から通信添削の時代になったといわれたりした。しかし通信添削は自宅で解答するのだから、その結果（点数）によって自分の位置を知る手立てにはならない。その意味で、偏差値つまり合格可能性を伝達する模擬試験はクール・ダウン促進媒体であるが、受験雑誌あるいは通信添削は加熱促進媒体だった。

ただし、模擬試験自体は予備校の誕生とともに古く戦前にも存在した。大正時代の初期には、予備校主催の模擬試験には学外からの参加もかなりあった。一〇〇〇人程度の規模の模擬試験がおこなわれ、順位も記載されていた[11]。しかしこの程度の人数では合格可能性の判定材料としては弱い。だから戦前の模擬試験は合格可能性を知るということよりも、試験度胸をつけるという意味のほうがはるかに大きかった。模擬試験の機能が戦前と昭和三〇年代以後（偏差値の告知）とでは大きく異なっている。昭和四〇年代を境に、受験という磁場の主要装置が加熱媒体（受験雑誌）からクール・ダウン媒体（偏差値を告知する模擬試験）に変化したのである。

このクール・ダウンは一面からみれば野心の縮小であるが、自分の学力相当の範囲を想定しながらもその範囲で相対的上位ランクの学校を目指すという点に着目すれば、加熱でもある。ひたすらな加熱が受験のモダンだとすれば、ほどほど加熱つまり柄相応競争が受験のポストモダンである。大きな目標もないかわりに大きな挫折もないのである。

学歴だけでは不十分

受験のポストモダン現象の第三番目は、学歴の意味の変容である。従来は人々の視線は出身階級よりもしばしば学歴にむかったが、いまや視線はしだいに学歴以外の出身階級そのものにむかっている。そのぶんアイデンティティの基礎要因としての学歴のウェイトは低下している。

その点で象徴的なのが昭和六〇年前後からの㊎㋥（マルキン・マルビ）現象である。㊎（金持ち）と㋥（貧乏）で日本社会を切ってみせた『金魂巻《きんこんかん》』にはつぎのような二人の若い医者がでてくる。一人は地方の学校の教師㋥の息子。受験勉強の勝利者で医学部にすすみ勉強の「くせ」がぬけずに研究医を経て、地方の医学部の講師になっている。㋥の医者である。もう一人は親も親戚も医者という一族の息子で今は父の病院の副院長である。そこでは、前者の㋥の医者が徹底的にマンガ化され、貶められている。㊎と㋥による同じような対比が女性アナウンサー、学者、弁護士などさまざまな職業についてなされている。[12] 学歴以外の生まれや育ちによる立ち居振る舞いや品位への視線が台頭してきている。

林真理子がエッセイで描く「オボッチャマ」というのもこのような中流大衆的視線の象徴である。また、田中康夫も難易度だけでは測れない大学序列を描いている。[13] 偏差値が多少高くとも地方の公立高校出身者が多い女子大学はダサクて、東京のミッション系の私立女子高出身者でかためた女子大がオシャレな大学というわけである。

こういうまなざしは、二つのことによって生じた。ひとつは、わが国の追いつき型の近代化過程が完了したからである。近代化の途上においては「高級な」文化は自成的なものではなかった。高級文化のほとんどは西欧文化だったから、正統なる文化は階級の外部つまり学校にあった。かくて地方の貧しい階級出身の者でも、その人が高学歴コースを踏めば、高級な文化人風になっていった。クラシック音楽にしても、文学にしても、日本の高級文化の大半は外国からの借りものであり学校こそがその伝播装置だったからである。文化としての階級が学校によって形成されるぶんだけ、学歴が文化階級化されたわけである。日本人が、学歴の経済効果は少なくとも学歴にこだわった理由のかなりは、ここ（学歴の文化階級化）にある。

しかし近代化過程を完了したということは、高級文化がいまや家庭に蓄積されたということである。いいかえれば、文化としての階級がわが国にも定着しはじめたということである。

もうひとつは、それが幻想であっても一億中流（プチブル）への「上昇」が生じたことによって、まなざしがブルジョワ（上流階級）の世界に伸びたことである。ブルジョワの生活スタイルや趣味の「よさ」を鑑別できる位置（プチブル）に人々は成り上がったのである。こうして人々のまなざしは学歴によって形成される態度や文化にとどまらず、育ちのよさや物腰など家庭で形成される部分に敏感になってきた。他者の認識において出身階級がしだいに台頭しているわけである。

いまやカッコいいのは有名大学卒業だけのレッテルではない。有名大卒＋㊎のときに彼ないし彼女はエリート階級として承認される。逆にいえば、偏差値がそれほど高くなくとも㊎の子弟があつまる大学が人気を持ちはじめているのも、従来の学歴一辺倒の社会の変容を提示している。だから、学歴だけにことさらこだわる高学歴＋㊥は野暮な代物になりはじめている。

学歴は弱い資本

近年の日本社会のこのような学歴資本と経済資本のズレへの着目現象は、フランスの社会学者ブルデューの論説と非常に近いところにきている。

ブルデューは、教育システムを知識人や教師、芸術家などの知識と能力しかない者たちの恨みの晴らし場所ととらえている。上層階級の世界は、学歴資本だけではどうにもならず、経済資本とコネや知人などの社会関係資本とが必要である。『金魂巻』が描く㊎㋮、また田中康夫描くところの偏差値以外の「オシャレ」な大学の序列がブルデューの理論（学歴＝弱い貨幣説）と近いといったのはこの謂である。

たしかにブルデューは学歴を通じての階級の再生産をいう。しかし学歴をオールマイティ・カードに位置づけているわけではない。学歴が強い貨幣になるか弱い貨幣になるかは、分節化された労働市場に依存している。学歴が強い資本になるのは、教育システムに近い領域に限定される。教育システムの勝利者（知識と能力しかない者）は領域Aにおいてもっとも利点を与えられる。しかし領域B（上層階級の世界）への接近は、経済資本と社会関係資本がなければ参入できにくいし、参入してもそこでの成功はおぼつかない。ここでは経済資本と社会関係資本（コネや知り合いのネットワーク）によって壁がはりめぐらされている。

学歴＝資格と地位との関係のコード化が厳密であればあるほど、労働市場が売り手に与える価値は教育資本に左右されるようになる。逆に学歴＝資格の定義と地位のそれとが、……あいまいであればそれだけ、虚勢を張る戦略が通じる余地が大きくなる。教育資本に対してこの場合にはたとえば（コネや「流儀」や生まれなどの）社会資本が高い収益率をあげうるのである。[14]

領域Aは学歴と地位との関係のコード化が厳密である労働市場であり、領域Bは両者の関係が曖昧になる労働市場である。領域Aでは教育資本が、領域Bでは社会関係資本が高い収益率をあげる。

文化資本（知識・教養・趣味・感性など）の保持者はブルジョワジーよりもしばしば貧しい教師などの階級フラクションである。かれらは文化資本⊕経済資本⊖階級である。商業経営者は文化資本⊖経済資本⊕階級である。このズレ（文化資本≠経済資本）こそ支配戦略の要なのだ。経済資本の担い手と文化資本の担い手がズレるからこそ教育システムの相対的自律性（能力主義）の信憑性を獲得することができる。そして知識と能力しかない者に捨て扶持（領域A）をあたえる教育システムの認証権力の自律性（実は従属性）にトータルな支配の再生産の秘密がある。というのがブルデューの階級再生産論についての私の読みである。

かくてブルデューはいう。医師や法曹のような自由専門職が高学歴を必要とするという事実によってつぎの事実が隠蔽されてはならない。これらの専門職のもっとも高い地位（病院長、裁判長）へのアクセスは、経済界のトップエリート集団にまさるとも劣らないかたちで経済資本と社会資本に依存している。この事実はこれら専門職の相続率がきわめて高いことによって示される。病院長というような王朝が存在する医療専門職のエリートにおいてはとくにそうである。[15]

ハビトゥスの現在

このような読みは(金)(ビ)やオボッチャマ、オジョウサマ現象などによって近年の日本にもきわめて説得性をもってきた。学歴は「選択的保証」にすぎないとおぼっちゃま（おじょうさま）風を気取りたいというのが当世風である、と述べた所以である。

こうして、豊かな社会のなかでは学歴エリートはそれだけでは威信を保ちえなくなってきた。日本人の学歴へのこだわりがなくならないにしても、学歴という一元尺度にもとづいた文化威信が崩壊しはじめているのは否めない。こうした尺度の複数化に着目して従来の一元的学歴社会との読み替え表はつぎのようになる。これが日本における学歴の意味の現在である。

戦前	現在	ハビトゥス
旧制第一高等学校・東京帝国大学生タイプ	→(高)＋(金)	教養人
旧制官立専門学校生タイプ	→(高)＋(ビ)	専門技術者
旧制私立大学生タイプ	→(中)＋(金)	疑似ブルジョワ

（注―(高)(中)はそれぞれ高学歴、中学歴）

したがってこれまでのような嫉妬や羨望、ルサンチマンのこもったような学歴社会論というのはますます衰退していくことは確かであろうし、このような変化の兆しは今の柔らかな受験現象を規定しているはずだ。

受験現象のゆくえ

現在は表面的にみると小さな偏差値でかつてよりもはるかに微細な差異競争をしているが、（Ⅰ）努力から戦略へ、（Ⅱ）ひたすらな加熱から柄相応競争へ、（Ⅲ）学歴の意味の低減によって、はるかに冷ややかな競争になった。受験のモダンが「硬い」受験競争だったとすれば、受験のポストモダンは「柔らかな」受験競争である。

しかしそうはいっても現在の受験競争の刺激言説のかなりは、「イイ高校、イイ大学、一流企業」というような希少性時代の枠組みで編成されている。しかし「いい大学へいかなければ将来は大変だ」というこの種の刺激言説を受験生が素直には信じられないというところに現代の受験競争の揺らぎがあるだろう。その揺らぎの根源は、豊かな社会における受験競争を希少性の神話で刺激しようとするから[16]である。

したがって、ダサイ受験生というのはいま述べたような希少性時代の刺激言説にリアリティを感じてしまい、硬い受験競争を前提にして受験勉強に励んでいる者である。クライ受験生というのは硬い受験競争という古いリアリティを生きている点ではダサイ受験生と同じなのだが、受験勉強へののりがもうひとつというタイプである。これらはいずれも受験世界の旧人類である。受験世界の新人類である「あかるい」受験生は、柔らかな受験競争というニュー・リアリティに生きながらも、受験勉強への「ノリ」がある者である。かれらこそ受験のポストモダン世代である。

受験市場も大きな構造変化をみせている。受験市場の国際化と市場の逼迫化である。一九九〇年代には海外の大学への留学がしだいにふえている（現在は二〇〇四年をピークに減りつづけている）。アメリカへの学生ビザ発行件数は三万にも達している。むろんこのうちには日本の大学を卒業後アメリカの大学に留学する者などが含まれているから、日本の大学受験市場のどのくらいの者が海外に流出していたかの正確な数字はわからない。しかし大学受験市場が国際化しはじめたことは確実である。海外からの留学生もふえている。大学入学もボーダーレスになってきている。あらゆる完成は揺らぎのはじまりである。受験市場の国内化（鎖国化）を前提にした偏差値受験体制も例外ではない。さらに、一九九三年から一八歳人口の減少がはじまっている。本章に述べた受験のポストモダン現象と並んでこうした受験市場の構造変化によって、受験現象はますます変容していくだろう。

　本書では具体的な入試改革の提言をおこなっていない。それはひとつには受験の心性史に狙いがあったからであるが、それ以上に今われわれが考えなければならないのは、入試改革のアイディア競争などではない、と確信するからである。この種の改革アイディア競争は明治以来の入試改革論議に満ち満ちている。しかしそこでは入試という制度を根本的に見直そうという思考はなかったのである。周辺アイディア競争にすぎない。そうなったのは入試制度の大きな改革はアカデミズムや教育システムの諸特権を脅かすことを無意識裡に、しかし充分に知っていたからである。あるいは、民衆は入試という制度が絶えざる緊張と不安をもたらそうとも権力や威信などのチャンネルだということを充分に知っていたからである。大学人、教育官僚、教師と民衆との客観的共謀が成立していたからである。

したがっていまやアイディア競争じみた入試改革論議をするのではなく、入試という儀礼にそれぞれの界がどのような利害を懸けているのか、また界の間にどのような客観的共謀が成立しているのか、これを明るみにだすことではないかとおもっている。

アフター大衆受験圧力釜社会論　学術文庫版あとがきにかえて

偏差値受験体制の終焉

本書の原本が刊行されたのは、一九九一年。団塊ジュニアの末尾が一八歳前後のころ、つまり偏差値受験体制の成熟段階のころである。本書は、海外の大学への進学による大学入学のボーダレス化と一九九三年からはじまる一八歳人口の減少という受験市場の構造変動要因についてふれて終わっている。大学受験の国際化は、入試や受験の構造的変動因となるほどの規模にはならなかったが、一八歳人口の減少のほうは入試や受験に大きな影響を与えた。

二〇世紀末になると、一八歳人口の長期減少傾向の影響が目に見えるようになった。定員割れする大学がではじめ、偏差値がつけられないFランクの大学や希望者全員が入学できるBF（ボーダーフリー）大学があらわれた。また、一八歳入試に競争を限定する入試への修正（リターンマッチ）である編入学試験や学力試験だけに絞る入学試験の修正としての推薦入学やAO入試も一層普及した。二〇〇六年度の大学入学者選抜方法別入学者をみると、一般選抜（入学試験）で入学した者は五八％、推薦入学三六％、AO選抜など七％である。大学生の四割強はそもそも学力試験を受けていない状況がはじまった。さらに大学院の拡大や定員充足化にともなって、大学院入学が容易になった。難関大学といえども、難関なのは学部入学だけに限られる。同じ難関大学の大学院ならば、容易に入学できる時代になった。偏差値受験体制という大衆受験圧力釜社会も大きくさまがわりがはじまった。

しかし、本書を読んだ人には入試と受験をめぐるこのさまがわりは、戦前への回帰のようにもみえてくるはず。本書七六〜七七頁にふれたように戦前の上級学校進学においては、旧制高等学校や官公立専門学校、陸軍士官学校や海軍兵学校などの軍の学校のような受験激戦地帯と私立専門学校を中心にした受験無風地帯との二層からなっていた。中学校の卒業資格をもってさえいれば入学できた私立専門学校は多かった。最近のFランク大学やBF大学の登場や推薦入学、AO選抜は、戦前にあった受験無風地帯を髣髴《ほうふつ》させる。また、戦前の私立専門学校などの（本科や正科以外の）別科などでは中学校卒業資格はいうまでもなく、学力についてもそれほど厳しく問われなかった。近年の社会人のための専修コースなどは入り口のところで比較するかぎり、戦前の別科に似ているともいえる。また、戦前は旧制高等学校を卒業していなくとも帝国大学に「傍系」入学や「選科」入学することができた。近年の大学院は入学者の拡大によって自大学（学部）出身者の率が低下し、他大学（学部）出身者の率が増えている。いまの大学院を戦前の大学とみれば、「傍系」や「選科」入学に似たことがいまの大学院の入り口で起こっているということになる。

こうしてみてくると、本書が書かれた以後の入試と受験をめぐる変化、つまり受験激戦地帯と受験無風地帯の二層構造化やバイパスの制度化は、入試と受験にあらたな変化が起こったというよりも「先祖帰り」に、そして万人を受験勉強に動員させた偏差値受験体制がむしろ入試と受験の歴史の「変則例」にみえてくるところもある。しかし、冷却社会から加熱社会にむかったときの受験社会の二層構造と総加熱社会からの変容である受験社会の二層構造は、現象は似ていてもそれをもたらす原因もその帰結も異なる。

本書は、一九八〇年代のバブル期で記述を終えているが、そこではこう書いた。「昭和四〇年代を境に、受験という磁場の主要装置が加熱媒体（受験雑誌）からクール・ダウン媒体（偏差値を告知する模擬試験）に変化したのである。

このクール・ダウンは一面からみれば野心の縮小であるが、自分の学力相当の範囲を想定しながらもその範囲で相対的上位ランクの学校を目指すという点に着目すれば、加熱でもある。ひたすらな加熱が受験のモダンだとすれば、ほどほど加熱つまり柄相応競争が受験のポストモダンである」(一七八〜一七九頁)。

偏差値受験体制とは、すべての学校が細かな偏差値によってランクづけられていた時代である。エリート校とノン・エリート校の「分断的」選抜ではなく、「傾斜的」選抜システムである。こうした「傾斜的」選抜システムにおかれれば、学力エリートの間のエリート校をめぐっての競争にとどまらなくなる。中位以下の学力ノン・エリートの生徒も相対的上位校をめざしての「柄相応競争」に仕向けられる。

しかし、学力ノン・エリート層を勉強中流階級に向けて頑張らせた「傾斜的」選抜システムは少子化による受験圧力の大幅な軽減で、崩壊した。冒頭にふれたように少子化を背景にしながらの入試科目削減、受験機会の複数化、推薦入試、学力試験によらない選抜方法などのさまざまな受験競争緩和策が「傾斜的」選抜システムを揺るがせた。「傾斜的」選抜システムは学力上位層中心の加熱システムになった。中位層以下では、作動しにくくなった。しかし、学力ノン・エリートへのモチベーションをなくさせたのは、「傾斜的」選別システムという受験圧力装置の解除によるのではない。

学力・学歴をめぐる「顕教」と「密教」

受験加熱時代には、受験圧力釜におかれた生徒に、劣等感や自信喪失などさまざまな害が出てきた。勉強ができる／できないによって自己有能感が一義的に決定され、多くの生徒から自信が剝奪されるという調査結果が再三報告された。そんな受験圧力釜の圧力抜きに、学力だけが人生に大切なものではないとか、受験エリートや学歴エリートダメ論や学歴社会虚像論という慰め＝冷却イデオロギーが出てきた。この冷却イデオロギーは、あくまで影のイデオロギーだった。しかし、しだいに冷却イデオロギーが表領域化、つまり世論となり教育政策となった。

こうして文部省は、一九八〇年からゆとりの教育を段階的に実施しはじめた。「英単語をひとつ余計に知っているよりリンゴの皮をむけることのほうが大切」という臆面無き反知性主義（反学力主義）的スローガンがゆとり教育推進者の口から出たのである。「ゆとり教育」という「勉弱」が選ばれたのである。こうした冷却イデオロギーの浸透によって、学力ノン・エリートに劣等感はなくなりはじめた。しかし、同時に学力格差は将来の幸福とは関係ないのだという意識が大きく広がった。

そのことは、二〇〇六年になされた調査（『高校生の意欲に関する調査』日本青少年研究所）にみることができる。「『一流大学に進学すること』とはどういう意味をもっているか」という質問項目への日本の高校生の回答がこれである。「一流大学に進学すること」が「いい仕事につける」からはじまり、「社会的に『偉い人』になれる」「周りに尊敬される」などの学歴の積極的効用において日本は米国・中国・韓国を含めた四ヵ国中最低である。かわって「あまり意味がない」を肯定する者が四ヵ国中最大である。つまり学力や学歴が将来を規定するということについて、他の社会からくらべて日本の高校生ではそう思わないものが相対的に多いのである。

しかし、問題は、そういうイデオロギーがあまねく受容されているわけではないことである。学力エリートとノン・エリートによって分節化されて受容されていることだ。学力上位層の生徒と保護者は「勉弱」をよしとする冷却イデオロギーをあくまで顕教(タテマエ)として受け入れた。『プレジデント Family』(雑誌)などの学力アップや進学作戦本が、大卒エリートサラリーマン家庭でよく読まれてきたことにみられるように、学力エリートやその予備軍は学力大事を密教(ホンネ)としたのである。学力下位層の生徒と保護者には密教の余地を残さずもっぱら顕教としてひろがった。

冷却イデオロギーが学力ノン・エリート消費用の顕教となり、学力大事が勉強エリート専用の密教になったころから、生徒の階層による教育格差や学力格差がいわれるようになる。冷却イデオロギーが学力階層や保護者の階層によってどう受け止められたかが違ってきたのだということを補助線にすれば、まことにつじつまの合う帰結である。

学力中間以下層の学力不振にさらに追い打ちがかけられた。基礎学力や知識量などで測られる学力は旧《ふる》い学力であり、ポストモダンの学力は生きる力や個性、創造性、能動性などであるとされた。新しい学力観にもとづいて、学校は座学から討論型授業、総合学習、体験学習などをそろえた。「コミュニケーション・コンピテンシー」などが新しい学力だとされ、旧来の学力観では、新しい社会のなかで成功し、新しい社会を機能させていくことは不十分であるとされはじめた。このような新旧学力観も学力階層によって分節化されて受け止められた。学力上位層は両者を断絶したものではなく、連続的にとらえたが、旧来の学力は時代に適合しないという雰囲気だけに惑わされがちだったのが学力下位層である。

症候とシナリオ

かくていまや、学力上位層だけが加熱され、下位層には冷却がゆるやかに作動している。学力格差の事実に直面しても、学力や学歴が将来を規定することは少ないと意識すればするほど学力格差の事実に直面してもなんら痛痒を感じない。英国の教育社会学者ポール・ウィルスは、英国の筋肉主義的な労働者階級の子弟である「野郎ども」は、落ちこぼれてしまうのではなく、「ちまちま勉強するなんて女々しい野郎だぜ」と積極的に落ちこぼれを選択することによって階級の再生産を担ってしまうとした（『ハマータウンの野郎ども』熊沢誠・山田潤訳、ちくま学芸文庫）が、日本の学力下位層が「世の中気合いとコミ力」と学力格差を気にせず、貧困の中に入っていくとしたら、あの野郎どもの階級の再生産メカニズムと機能的には等価である。英国型が「抵抗」が従属に帰してしまう階級の再生産への加担とすれば、日本型は社会的成功と学力・学歴は無関係という「誤認」による階級の再生産への加担といえよう。

しかし、このシナリオを裏返すと第二のシナリオを描くこともできる。学力ノン・エリートに独自のライフスタイルと文化が成熟していくという可能性である。

社会学者大村英昭はこういう。社会の中の文化は「エリートの文化」・「中間層の文化」・「貧困の文化」の三層としてみることができる。ところが、近代日本は勉強立身ガンバリズムによってまん中の「中間層の文化」が両端の二つを圧倒して、欧米にみられるような「エリートの文化」も「貧困の文化」もともにユニークネスを主張できないまでに萎縮させせられ、アングラ化させせられてしまった、というのである。「エリートの文化」と「貧困の文化」には、「中間層の文化」を蔑視する共通した矜持のようなものがあってしかるべきものなのだ。「『上』の高雅は当然として、下方にも『高貴なる敗北』といった矜持はあり得る。一言にして『反世俗性』とも呼べるカウンター・カルチャー」（「階級文化の不在」井上俊編『現代文化を学ぶ人のために』世界思想社）と述べている。

偏差値受験体制が大衆勉強動員社会を焚きつけ、大村のいうのっぺりとした「中間層の文化」（上に対するひがみと下への差別意識）の肥大に、おおいにかかわってきたのである。われわれの記憶をふりかえれば、大正生まれにはかすかに、明治生まれには濃厚に、庶民のリスペクタビリティ（立派であることの誇り）の物語があった。「おてんとさまに恥じない」とか「まっとうな仕事をしている」という堅気（ノン・エリート）の誇りの物語である。無法者にさえ「おれたち、ヤクザはなあ、御法度の裏街道を歩いてて、おてんとう様に顔向けできねえものなんだぞ」という屈折した誇りがあった。大衆受験圧力釜社会の誕生はこうしたノン・エリートたちのリスペクタビリティの物語の駆逐でもあった。大衆受験圧力釜社会の終焉によって、新しい形での矜持ある庶民文化の芽生えも想定できないわけではない。

貧困の道に唯々諾々とからめとられる第一のシナリオとその裏返しである矜持ある庶民文化の芽生えという第二のシナリオの両方をさらに同時に裏返せば、第三のシナリオがみえてくる。冷却イデオロギーをめぐる顕教（学力ノン・エリート消費用）とそれをタテマエとする学力エリート専用の密教の棲み分けがいつまでも続く保証はない。冷却イデオロギーという顕教によって学歴エリートの学力や学歴に対する密教征伐の強度が増すかもしれない。症候はある。第一のシナリオの反転である「ヤンキー化」（ヤンキー文化の広がり）と第二のシナリオの反転である「反知性主義」（知的なものへの嫌悪と知的な生き方やそれを代表するとされる人々への攻撃）という風潮の台頭に……。

学術文庫化にあたっては、林辺光慶さんにご尽力いただいた。本書のもとになった新書版は、新書版「あとがき」にふれたように林辺さんの慫慂によってまとめたものである。そこから四半世紀たった。当時はまだ若い編集者だった林辺さんは定年退職し、新しい編集会社のエディターとして第二の人生をはじめた。新会社の初年度の企画のひとつに本書を選んでいただいたことの巡りあわせに驚くとともに、大変うれしく思う。記して感謝したい。本書が読者の知的刺激や触媒になることができれば、これにすぎる喜びはありません。

二〇一五年八月一日

竹内　洋

注

はじめに

（1）『フロイト著作集　第二巻』高橋義孝訳、人文書院、一九六八年、二三九頁。
（翻訳書の場合、発行年は翻訳書についてのものである。以下の章の注についても同様である）

第一章

（1）筧田知義『旧制高等学校教育の成立』ミネルヴァ書房、一九七五年、一八四〜一八五頁。
（2）「受験四日間　第一高等学校入学試験実験記」「中学世界」第一〇巻一二号、明治四〇年。「受験日記」同誌、第一〇巻七号、同年。
（3）佐々木享「大学入試の歴史（3）」「大学進学研究」一九八五年九月号、四九頁の資料から計算。
（4）「受験日記」「中学世界」第一〇巻七号、明治四〇年、七七〜七八頁。
（5）「高等学校受験案内」同誌、第一〇巻一二号、明治四〇年、五〇〜五一頁。
（6）「高等学校」同誌、第一一巻八号、明治四一年、五一頁。
（7）竹内　洋「入試改革のディレンマ」『選抜社会——試験・昇進をめぐる〈加熱〉と〈冷却〉』リクルート出版、一九八八年。
（8）岸信介『我が青春』廣済堂出版、一九八三年、一二三頁。
（9）「受験学生の巣窟」「受験世界」「中学世界」第一〇巻一二号、明治四〇年、八三頁。
（10）大村喜吉『斎藤秀三郎伝——その生涯と業績』吾妻書房、一九六〇年、二九一〜二九三頁。

第二章

(1)「穎才新誌」明治一〇年一二月一五日号。
(2)国立教育研究所編『日本近代教育百年史3』一九七四年、五三〇〜五四八頁。
(3)『牧野富太郎自叙伝』長嶋書房、一九五六年、一三頁。
(4)「穎才新誌」明治二一年二月二三日号。
(5)E. H. Kinmonth, *The Self-Made Man in Meiji Japanese Thought*, University of California Press, 1981, Chap. 3.
(6)辻 達也「『政談』の社会的背景」『日本思想大系36 荻生徂徠』岩波書店、一九七三年、七六九頁。
(7)R. M. Spaulding, Jr., *Imperial Japan's Higher Civil Service Examinations*, Princeton University Press, 1967, p.32.
(8)「遊学の栞」「少年園」一号、明治二一年、二一頁。「僥倖」同誌、一四三号、明治二七年。
(9)「僥倖」同誌、一四三号、明治二七年、二頁。

第三章

(1)「少年園」第一二巻一三六号、明治二七年。
(2)深谷昌志『学歴主義の系譜』黎明書房、一九六九年、二三八頁。
(3)「遊学の栞」「少年園」第二巻一六号、明治二二年、一〇五頁。
(4)「入学試験の結果」「日本人」第一三号、明治二一年、二四頁。
(5)内田 糺『明治期学制改革の研究——井上毅文相期を中心として』中央公論事業出版、一九六八年、二三五頁。
(6)「高等中学校の試験例題」「日本人」第七号、明治二一年、二四〜二五頁。

（7）斉藤利彦「軍学校への進学―明治後期中学校史の一断面―」『日本の教育史学』第三二集、一九八九年、四三頁。
（8）廣田照幸「進路としての軍人―陸軍士官学校の受験を中心に―」南山大学紀要『アカデミア　人文・社会科学編』五〇集、一九八九年。
（9）「各校入学者の出身中学に於ける成績一覧表」『中学世界』第二一巻一二号、大正七年、六頁。
（10）天野郁夫『教育と選抜』第一法規出版、一九八二年、一二三〜一二八頁。
（11）『成功』第一巻一号、明治三五年、二九〜三〇頁。
（12）「受験界の暗潮」『中学世界』第九巻八号、明治三九年、七六〜七八頁。
（13）『中学世界』第一〇巻一二号、明治四〇年、一一頁。
（14）『受験旬報』昭和一三年四月特集号、二頁。
（15）赤尾好夫『私の履歴書　四七』日本経済新聞社、一九七三年、四三頁。
（16）「昭和十二年度上級学校歐文社通信添削会員合格状況一覧表」『受験旬報』昭和一二年六月下旬号、二九頁。
（17）『蛍雪時代』昭和一八年八月号、一一二頁。

第四章
（1）フィリップ・アリエス『〈子供〉の誕生――アンシャン・レジーム期の子供と家族生活』杉山光信・杉山恵美子訳、みすず書房、一九八〇年。
（2）「受験準備　日課表と参考書」『中学世界』第一八巻四号、大正四年、一九三〜一九四頁。
（3）「受験ユーモア」『受験旬報』昭和八年六月下旬号、二三頁。
（4）川村邦光『幻視する近代空間――迷信・病気・座敷牢、あるいは歴史の記憶』青弓社、一九九〇年、一一八頁。
(5)「衛生相談所」「中学世界」第二四巻一一号、大正一〇年、七二頁。
(6)「勝利への行進曲」「受験と学生」第一二巻一号、昭和四年、二六頁。
(7) たとえばK. Hoskin, The Examination, Disciplinary Power and Rational Schooling, *History of Education*, Vol. 8, No. 2, 1979.
(8) トーマス・ローレン『日本の高校――成功と代償』友田泰正訳、サイマル出版会、一九八八年、七七頁。
(9)「高等学校入学試験自宅準備法」「中学世界」第一一巻二号、明治四一年、一一五頁。
(10) マックス・ウェーバー『儒教と道教』木全徳雄訳、創文社、一九七一年、二七二頁。
(11)「作文受験界の新傾向」「中学世界」第一九巻九号、大正五年、一二七頁。
(12)「口述試問を中心とした皇道主義の国史問答」「受験旬報」昭和一五年三月中旬号、六四頁。
(13) 保阪正康『東條英機と天皇の時代　上』伝統と現代社、一九七九年、三五頁。

第五章
(1) 森重雄「教育分析と社会学」「東京大学教育学部紀要」第二六巻、一九八六年、注二五、七四～七五頁。
(2) マーシャル・マクルーハン、クエンティン・フィオーレ『メディアはマッサージである』南博訳、河出書房、一九六八年。
(3) 陣内靖彦『日本の教員社会――歴史社会学の視野』東洋館出版社、一九八八年、一三六～一三八頁。
(4) 雑誌「成功」については竹内　洋「日露戦争前後の成功ブームとその変容――雑誌『成功』(一九〇二～一九一五年)にみる」『日本人の出世観』学文社、一九七八年。

(5) 夏目漱石『門』新潮文庫、五六頁。

(6)「記者と読者」「成功」第一巻六号、明治三六年、四七頁。

(7) E. H. Kinmonth, *The Self-Made Man in Meiji Japanese Thought*, University of California Press, 1981, p.178.

(8)「東京苦学案内　其の一新聞配達」「中学世界」第二一巻一一号、大正七年、六〇～六四頁。

(9)「東京苦学案内　其の九俥夫」同誌、第二二巻六号、大正八年、一三四～一三五頁。

(10)「苦学生の歩める道　其の七　苦学四年」同誌、第二三巻四号、大正九年、九七頁。

(11) 島貫兵太夫「有為無資力の青年学生諸君に告ぐ」同誌、第一一巻一〇号、明治四一年、五五頁。

(12)「中学卒業の浮浪者」「受験と学生」第一四巻一号、昭和六年、一五二～一五三頁。

(13)「ボロを着て帰郷するまで」「中学世界」第二一巻一三号、大正七年、三四～三五、四一～四三、六八～六九、八八～八九頁。

(14) 石川天涯『東京学』育成会、明治四二年、『明治文化資料叢書一一巻』（風間書房、昭和三五年）所収、四八六頁。

(15) 大日本国民中学会編輯局『講義録による勉学法』国民書院、大正六年、一七八～一七九頁。

(16)「中学世界」第九巻九号、明治三九年、広告。

(17)「受験と学生」第一四巻四号、昭和一一年、一〇三頁。

(18)「専検受験者の為に」「受験旬報」昭和一五年一二月号、一二八頁。

(19)「大正十三年度一高入学者の合格点と学歴」「受験と学生」第七巻一〇号、大正一三年、七二頁。

(20)「小学校卒業の儘、玄関番から専検、高校に合格する迄」「中学世界」第二四巻二号、大正一〇年、五九頁。

(21) E. Goffman, On Cooling the Mark Out: Some Aspects of Adaptation to Failure, *Psychiatry*, Vol.

15, 1952. 竹内　洋「加熱と冷却のシステム」『選抜社会――試験・昇進をめぐる〈加熱〉と〈冷却〉』リクルート出版、一九八八年。
(22) ピエール・ブルデュー『ディスタンクシオン　I』石井洋二郎訳、新評論、一九八九年、一七三頁。
(23) C・N・パーキンソン『パーキンソンの経済を見ぬく目』三田貞雄訳、至誠堂、一九七〇年、六五頁。
(24) 中野孝次『苦い夏』河出書房新社、一九八〇年、一一二頁。
(25) P. Bourdieu & Passeron J., *The Inheritors, French Students and Their Relation to Culture*, University of Chicago Press, 1979, p.24.
(26) 現代の大衆大学キャンパスにおける学生のハビトゥスのズレや一致については、竹内　洋「キャンパスの〝金魂巻〟」「大学進学研究」七〇号、一九九〇年。
(27) 潮木守一『キャンパスの生態誌――大学とは何だろう』中公新書、一九八六年。
(28) 竹内　洋「冷却イデオロギーの社会史」前掲書（21）所収。

第六章

(1)「受験」一九五八年八月号、六九頁。
(2) W. Simon & Gagnon, J. H., The Anomie of Affluence: A Post-Mertonian Conception, *American Journal of Sociology*, Vol. 82, No. 2, 1976.
(3) 藤岡和賀夫「さよなら戦後　第三回『神器』なき闘い」「ボイス」一九八六年八月号、二〇三頁。
(4) 安丸良夫『日本の近代化と民衆思想』青木書店、一九七四年。
(5) J. Holt, *How Children fail*, Penguin, 1969.
(6)「中学世界」第一八巻六号、大正四年、一一〇頁。
(7)「一高受験記」同誌、第二〇巻九号、大正六年、一五〇頁。

(8) 田村秀行『田村の小論文講義——代々木ゼミ方式I』代々木ライブラリー、一九九〇年、一七頁。

(9) 「高校選抜方法決定」「考へ方」第一二巻一二号、昭和四年、三頁。

(10) T. Kariya & Rosenbaum J. E., Self-selection in Japanese Junior High School: A Longitudinal Study of Students' Educational Plans, *Sociology of Education*, Vol. 60, No. 3, 1987.

(11) 「一高受験記」前掲誌、一五一頁。

(12) 渡辺和博とタラコプロダクション『金魂巻』主婦の友社、一九八四年。

(13) 田中康夫『大学受験講座』角川文庫、一九八九年。

(14) ピエール・ブルデュー/リュク・ボルタンスキー「教育システムと経済——学歴 資格と職業」(森重雄訳)「現代思想」一九八五年一一月号、六六頁。

(15) P. Bourdieu, Cultural Reproduction and Social Reproduction, in J. Karabel & Halsey A. H. (eds.) *Power and Ideology in Education*, Oxford University Press, 1977, p.511.

(16) 学歴の経済的効用が低下するときに学歴社会論が台頭するパラドクスについては、竹内 洋「『物語』としての学歴社会論」「経営者」一九八九年七月号。

KODANSHA

本書の原本は、一九九一年二月に講談社より刊行されました。

竹内　洋（たけうち　よう）

1942年東京都生まれ。京都大学教育学部卒業。京都大学大学院教育学研究科博士課程単位取得退学。教育学博士（京都大学）。京都大学大学院教授，関西大学教授を経て，現在関西大学東京センター長。京都大学名誉教授，関西大学名誉教授。主な著書に，『メディアと知識人』『大衆の幻像』『丸山眞男の時代』『社会学の名著30』『教養主義の没落』『学歴貴族の栄光と挫折』などがある。

講談社学術文庫

定価はカバーに表示してあります。

立志《りっし》・苦学《くがく》・出世《しゅっせ》

受験生《じゅけんせい》の社会史《しゃかいし》

竹内《たけうち》　洋《よう》

2015年9月10日　第1刷発行
2025年4月10日　第3刷発行

発行者　篠木和久
発行所　株式会社講談社
東京都文京区音羽 2-12-21 〒112-8001
電話　編集（03）5395-3512
販売（03）5395-5817
業務（03）5395-3615

装　幀　蟹江征治
印　刷　株式会社広済堂ネクスト
製　本　株式会社国宝社
本文データ制作　講談社デジタル製作

ISBN978-4-06-292318-7

「講談社学術文庫」の刊行に当たって

これは、学術をポケットに入れることをモットーとして生まれた文庫である。学術は少年の心を養い、成年の心を満たす。その学術がポケットにはいる形で、万人のものになることは、生涯教育をうたう現代の理想である。

こうした考え方は、学術を巨大な城のように見る世間の常識に反するかもしれない。また、一部の人たちからは、学術の権威をおとすものと非難されるかもしれない。しかし、それはいずれも学術の新しい在り方を解しないものといわざるをえない。

学術は、まず魔術への挑戦から始まった。やがて、いわゆる常識をつぎつぎに改めていった。学術の権威は、幾百年、幾千年にわたる、苦しい戦いの成果である。こうしてきずきあげられた城が、一見して近づきがたいものにうつるのは、そのためである。しかし、学術の権威を、その形の上だけで判断してはならない。その生成のあとをかえりみれば、その根は常に人々の生活の中にあった。学術が大きな力たりうるのはそのためであって、生活をはなれた学術は、どこにもない。

開かれた社会といわれる現代にとって、これはまったく自明である。生活と学術との間に、もし距離があるとすれば、何をおいてもこれを埋めねばならない。もしこの距離が形の上の迷信からきているとすれば、その迷信をうち破らねばならぬ。

学術文庫は、内外の迷信を打破し、学術のために新しい天地をひらく意図をもって生まれた。文庫という小さい形と、学術という壮大な城とが、完全に両立するためには、なおいくらかの時を必要とするであろう。しかし、学術をポケットにした社会が、人間の生活にとってより豊かな社会であることは、たしかである。そうした社会の実現のために、文庫の世界に新しいジャンルを加えることができれば幸いである。

一九七六年六月

野間省一